마음을 봉숭아로 물들일 거야

일러두기

- 맞춤법과 띄어쓰기는 표준어 규정을 따르는 것을 원칙으로 했습니다. 다만 입말의 맛을 살리기 위해 일부 표현은 실제 사용하는 표현을 그대로 사용했습니다.

귀덕 에세이

마음을 봉숭아로 물들일 거야

— 어린 날의 기억에서 채집한 행복의 조각들 —

서른삼독

── 추천의 글 ──

원숭이처럼 귀가 커서 머리카락을 내려 필사적으로 얼굴을 가리고, 기권할 용기가 없어서 줄곧 부반장을 떠맡았던 소녀는 어떤 어른이 되었을까?
귀덕 작가의 글을 읽다 보면 학창 시절 교실에서 모나지 않고 조용히 잘 웃던 누군가의 얼굴이 떠오른다. 그 친구의 머릿속이 온통 이런 이야기들로 가득 차 있었다고 생각하면 못내 사랑스러워 견딜 수가 없다. 그는 여지없이 좋은 어른이 되었다. 다만 이제는 코를 파다 들킨 아이가 부끄럽지 않도록 어른들도 다들 몰래몰래 코를 판다며 털털하게 웃는 사려 깊은 능청까지 장착한 어른이다.
부끄러움과 다정함이라는 단어를 나란히 놓는 게 이상하지만, 그는 자신의 실수를 곧잘 부끄럽게 여기고 타인의 실수는 다정하게 감싸는 사람이다. 그래서 작가의 어린 시절부터 청소년기의 기억, 선생님이 되어 어린이들을 만난 이야기를 담은 이 에세이를 읽는 동안 나도 더 자주 부끄러워하고, 더 자주 다정해져야겠다 마음먹었다.
초등학교 4학년 때였나. 봉숭아 관찰 일지를 쓴 적이 있다. 그때 나는 봉숭아의 쌍떡잎이 커 가는 과정을 보며 정말 조용하고 용감한 식물이라 생각했다. 그리고 이 책을 읽으면서 그때의 감정이 불현듯 떠올랐다. '아! 조용하게 용감한 사람의 글은 이렇게 하릴없이 사람의 마음을 물들이는구나' 하고 말이다.

_윤단비(《남매의 여름밤》 감독)

어린 시절엔 알 수 없었던 선생님의 속마음은 어쩌면 이런 것이었을까. 그땐 선생님이 한없이 완벽해 보였지만 실은 서툴고, 고민이 많은 아주 평범한 어른이었다는 걸 이 책을 읽으면서 깨달았다. 그때 그 선생님과 함께 다시 인생을 배우는 기분이었다.

_박지현(《참 괜찮은 태도》 저자)

이 책을 통해 불행이 꼭 비극이 아니며, 여전히 삶을 "좋아한다"라고 말할 수 있는 방식이 있다는 걸 배웠다. 상실을 깊이 파고들지 않고 오히려 평범한 일상을 사랑스럽고 특별하게 바라보는 귀덕 작가의 시선에는 따뜻함과 진중함이 공존한다. 어떤 날은 이 책처럼 말이 적고 따뜻한 무언가가 옆에 있어 줬으면 좋겠다는 생각이 들 때가 있다. 아마 많은 사람들에게 그런 책이 되어 줄 것이다.

_백세희(《죽고 싶지만 떡볶이는 먹고 싶어》 저자)

○
들어가며

여느 날과 다를 것 없는 월요일 아침. 학교 예술제를 앞두고 아이들과 춤을 추고 있었어요. 갑자기 '징~' 하더니 끔찍한 어지러움과 함께 한쪽 귀의 청력을 잃었습니다. 모든 게 순식간이었고, 정신없이 뛰어다니던 제 일상은 그 자리에 딱 멈춰 섰습니다.

학교를 떠난 지 2년. 세상의 소리도, 시간의 속도도 달라졌습니다. 내게 다가와 재잘거리던 아이들 소리도, 주기적으로 종이 울리던 교실 풍경도 꿈처럼 아득해지기 시작했어요.

이 책은 그렇게 시작되었습니다.
처음엔 학교와의 추억을 글로 남겨 두고 싶었어요. 나만의 이별 여행처럼요.
"어? 이거 저녁마다 나한테 했던 얘기잖아?"
원고를 먼저 읽은 남편이 말하기도 했어요. 실제로 글을 쓰는 동안은 꼭 교실로 출근하는 것 같았어요. 그 시간이 애틋

해서, 또다시 만나는 아이들이 반가워서 많이 울고 많이 웃었습니다.

아이들을 따라 걸음을 옮겨 가다 보니 그들을 바라보는 제 안의 어린 나도 마주하게 되었어요. 사실 저는 책에 등장하기엔 다소 심심한 아이라고 생각했어요. 조용하고 무던하고, 어디에도 특별히 튀지 않는 아이.

그런데 별것 아니라고 생각했던 기억들을 다시 떠올릴수록 미소가 번졌습니다. 냉장고 속 시원한 수박 한 조각, 하굣길에 멈춰 선 문방구 스티커 진열대, 친구들과 신나게 빨아 먹던 아폴로. 잊고 지냈던 행복이 그때 그곳에 참 많이 숨어 있었더라고요.

이 책에는 그런 순간들이 담겨 있습니다. 아이들 덕분에 내 안의 어린 나를 마주할 수 있었고, 그 아이를 조심스레 품어 주는 시간이 되었습니다.

돌이켜 생각해 보니 저는 언제나 사랑받고 싶던 사람이었어요. 누구에게도 싫은 소리 듣지 않고 모두에게 좋은 평가를 받고 싶었어요. 그렇게 줄곧 시선을 바깥에 두고 살았어요. 그래야 더 나은 사람이 될 수 있다고 생각했습니다. 하지만 한쪽 귀를 잃고 이 책을 쓰는 동안 되어야 한다고 믿었던 내 모습이 아니라 지금의 나를 바라보기 시작했어요. 서툴고 못난 모습 그대로를 솔직히 받아들이자 어린 나도 포근히 안아 줄 수 있었고, 주변도 더 따뜻하게 보이더라고요.

알고 보면 더 나은 어른이란 인정받는 사람이 아니라 나부터 있는 그대로의 나를 인정해 주는 사람, 나아가 타인 역시 있는 그대로 부드럽게 인정해 주는 사람이 아닐까 해요.

지금도 특별할 것 없지만 가만 보면 반짝이는 순간들이 쌓이고 있지 않을까요? 너무 뒤늦게 알아채지 않도록 오늘 하루 끝에서 하나쯤은 꺼내어 다정하게 들여다봐야겠습니다.

들어가며

이 책이 당신에게도 그런 시간이면 좋겠습니다. 당신의 마음이 작고 선명한 행복으로 물들여지길 바랍니다.

2025년 5월

귀덕 드림

Contents

추천의 글 ○ 004

들어가며 ○ 006

1부 /

반짝이는 순간이 있었어

작고 선명한 행복 ○ 017

너에게 주고 싶은 건 마음이었어 ○ 023

처음 보는 얼굴 ○ 029

피구왕 통키 ○ 034

나의 그리운 여름방학 ○ 038

우정에 목숨 걸던 시절 ○ 043

좋아하는 마음 ○ 050

노력해도 되지 않는 것 ○ 056

실수하면 어쩌지 ○ 063

어른도 똑같아 ○ 068

2부 /

투명한 눈빛이 건넨 말

나는 너의 응급차, 나는 너의 번개맨 。 077

목소리가 작은 친구 。 082

그렇게 말하면 몰라 。 087

모두가 좋아하는 친구가 되는 법 。 093

점심시간은 즐거운 시간 。 098

배려라고 생각했어 。 103

내게 주어진 역할 。 109

그들만의 리그에서 생긴 일 。 115

나는 이런 사람 。 120

내가 아무렇지 않게 생각하면 돼 。 126

3부 /
더 나은 어른이 되고 싶어서

묻지를 않아 。 135
어른에게도 칭찬 스티커가 필요하니까 。 142
발표는 잘 못해요 。 148
스스로 빛나는 사람 。 154
내가 처음으로 아이를 혼낸 날 。 159
그럴 수도 있지 。 166
내가 되고 싶은 어른 。 172
정글의 평화 。 178
위로받지 못한 아이 。 184
밤길에 뛰는 사람 。 189
오답이면 어때 。 195

나가며 。 200

— 1부 —

반짝이는 순간이 있었어

작고 선명한 행복

"봉숭아 물들이자!"

뙤약볕이 계속되어 열기가 하얗게 피어오르고, 매미 울음이 쉴 틈 없이 이어지던 여름의 한가운데 날이었다. 배불리 저녁을 먹고 설거지를 마친 엄마가 외쳤다. 부엌으로 갔더니 엄마는 봉숭아 물들일 준비에 한창이었다. 백반 조각, 비닐봉지, 두꺼운 색실들. 비닐은 작게 잘라 접어 두었고, 실은 엉켜 있던 것을 부지런히 풀어 놓으셨다. 유난히 더웠던 탓일까? 봉숭아는 한껏 물이 올라 있었다.

엄마가 거침없이 꽃잎을 모아 으깨고 찧으면, 봉숭아의 달큰하고 쌉싸름한 냄새가 거실까지 퍼졌다. 어찌나 진하던지 아직도 봉숭아 물들인 손을 볼 때면 조건반사처럼 코 아래 그 향 내음이 나는 것만 같다. 붉은 즙이 번져 나와 작은 연못이 만들어지면 서둘러 언니를 불렀다.

"언니! 다 됐어! 빨리 나와!"

우리는 화장실부터 갔다. 꽃잎을 동여맨 손으로 화장실에 가는 것은 불편하니 모든 잘 준비를 마치고 거실로 모였다. 물들이기가 끝나면 거실에 펼쳐 둔 요 위에서 다 같이 잘 거다.

엄마와 언니, 나 셋이 둘러앉았다. 우리는 웃으며 누가 먼저 물들일지 순서를 정했다. 엄마 손을 빌려야만 제대로 봉숭아 물이 들 수 있다는 걸 알았기에 순서는 주로 언니랑 나 중에 누가 먼저 하느냐였다. 순서를 정하고 나면 누구의 봉숭아 물이 더 오래갈지를 두고 또 한창 이야기꽃을 피웠다. 이번엔 더 오래 남아 있기를 바라며 언니가 손톱에 꽃물을 얹으면 내가 비닐을 덮고 마지막으로 엄마가 실을 돌돌 감았다.

"앗, 너무 꽉 매지 마."

피가 통하지 않아 저릿하지만 마음은 금세 바뀐다.

"아니다! 엄마, 꽉 묶어 줘!"

물이 더 진하게 들길 바라는 마음으로 꾹 참았다. 살짝 만지기만 해도 축축히 물기 머금은 꽃잎이 손끝에 들러붙었고, 그 진득한 색은 우리가 기다리던 마법의 시작이었다. 비닐 속에서 손톱이 따뜻해지고 간질거리기 시작하면 우리는 괜히 소름 돋은 척, "으으~ 벌레 같아~"하며 웃었다. 그렇게 동여맨 손가락을 가슴 위에 얌전히 올려놓고 천장을 바라보며 똑바로 누웠다. 자다가 비닐이 벗겨지면 어쩌나 하는 걱정과 얼마나 색이 예쁘게 나올까 하는 기대 사이를 오가며 손에 힘이 풀어질 때 즈음 잠이 들었다.

물론 자다가 베개에 비닐이 벗겨져 속상한 날도 있었다.
"아, 다 지워졌어……. 다시 해야 해."
그날은 할머니 댁에서 사촌들과 봉숭아 물을 들인 날이었는데, 누구 하나 놀리는 법 없이 서로를 다독이며 진지하게 약속했다.
"이번엔 진짜 오래가게 해 줄게."
봉숭아 물이 드는 동안엔 괜히 손을 더 조심히 다뤘다. 사소한 동작에도 꽃물이 번질까 봐 하룻밤 동안은 손끝을 더 사랑했던 것 같다. 실을 묶은 손을 서로 들어 올려보며, 어떤 손톱 색이 나올지 기대에 부풀었다. 마치 꽃물이 드는 게 아니라,

작은 주문에라도 걸린 것처럼. 매듭 하나하나에 설렘이 감겨 있었다.

설렘만큼이나 실을 푸는 순간은 언제나 신났다. 드디어 피가 통하는 느낌이 들면 비로소 손가락 위로 빨갛게 물든 손톱이 보였다. 손가락 끝부분은 새 지문이 생긴 것처럼 쪼글쪼글해졌지만 개의치 않았다. 어떨 때는 손톱보다 손가락에 더 물이 들었고, 어떤 때는 색이 잘 나오지 않아 며칠을 반복해 물들인 적도 있었다. 하지만 손톱이 빨갛게 될 때까지 얼굴을 맞대고 수다 떠는 시간은 조금도 지루하지 않았다.

흡족하게 물이 들고 나면, 며칠은 물이 빠질까 봐 비누칠도 하기 싫었다. 그렇게 개학 날을 기다렸다.
'올해는 나도 봉숭아 물이 있어!'
개학 무렵에도 손톱에 색이 남아 있을 땐, 왠지 모르게 어른이 된 것 같았다.
"선생님이 뭐라고 하면 어떡하지?"
그러면서도 자랑하듯 슬며시 손등을 위로 하고 다녔다.

"첫눈이 올 때까지 봉숭아 물이 남아 있으면 첫사랑이 이루어진대."

'첫사랑'이 뭔지도 몰랐으면서, 그 말을 뱉는 순간 뺨부터 뜨거워졌다. 첫눈이 올 때까지 봉숭아 물이 남아 있으면 첫사랑이 이루어진다는 말. 그 시절엔 그 말이 마치 마법처럼 느껴졌다. 누가 처음 말했는지도 모르지만, 또 딱히 첫사랑 상대가 있는 것도 아니었지만 봉숭아로 물든 손을 보면 무언가 낭만적인 일이 생길 것만 같았다. 그래서 괜히 친구의 봉숭아 물은 얼마나 남아 있는지 몰래 비교하곤 했다. 친구들과 "누구 좋아하냐"라며 귓속말을 주고받기도 했는데, 좋아하는 감정보다도 그런 비밀을 나누는 것만으로 얼굴이 달아올랐다.

모르는 것 투성이었지만, 모르는 대로가 빈틈없이 전부였던 우리의 마음. 그리고 따갑던 햇살, 손끝의 따끈한 비닐, 실을 묶던 엄마의 손길. 그 모든 것이 손톱 끝에 작고 선명하게 피어나던 순간들. 봉숭아 물들이기는 작은 의식처럼 조심스럽고 특별했다.

어쩌면 우리는 그때부터 배우고 있었는지 모른다. 눈에 보이지 않는 무언가를 믿는 법, 조심스럽게 바라는 마음을 품는 법을. 그래서일까? 손톱에 봉숭아가 물들면 자꾸 들여다보게 되고 괜히 기분이 좋아졌다. 그래서 그 시절의 나는 그렇게 더 반짝였나보다.

봉숭아 물은 오래전에 지워졌지만 그 여름 우리가 물들였던 설렘은 아직도 내 안 어딘가에 조용히 남아 있다. 정신없는 일상 속에서도 문득 그 작은 설렘을 떠올리면 평범한 하루도 특별하게 느껴졌다. 어른이 된 지금도 여름이 오면, 나는 문득 손톱 끝을 내려다본다. 그때처럼 작고 선명한 마법이 오늘 하루도 반짝이게 해 줄 것만 같아서.

**너에게 주고 싶은 건
마음이었어**

초등학생 때 단짝이던 은주와는 늘 붙어 다녔다. 우리는 나란히 있는 아파트에 살았고, 건물 사이에 있는 빨간색 소화전 앞에서 만났다가 헤어질 때도 꼭 거기서 헤어졌다. 은주는 지갑이 두둑했는데 학교 끝나고 집이나 학원 가는 길에 떡꼬치, 과자 같은 간식을 사 주곤 했다. 처음에는 신기했다. 당시 나는 돈을 가져 본 적 없어서 지갑에 장난감 돈이 아닌 진짜 돈이 있고 심지어 어른 허락 없이 무언가를 사 먹는 것이 멋져 보였다.

오며 가며 간식 먹는 것이 습관처럼 자리 잡은 어느 날, 은주가 내게 물었다.

"오늘은 돈 있어?"

"없어."

그 순간 새삼 나한테는 돈이 있을 일 없단 걸 깨달았다. 내가 사 줄 일은 없겠구나. 그러자 매번 얻어먹는 간식이 점점 짐이 되었다.

때로 은주가 함께 먹자고 권하면 "난 괜찮아" 말하기도 했다. 그렇지만 여러 번 얻어먹고 나서야 가끔 있는 일이었고 은주는 혼자 먹는 법 없이 "안 먹을 거면 버려"라면서 내 것까지 꼭 사 주고야 마는 아이였다. 사실 간식 먹기 싫은 날은 하루도 없었다. 그만큼 빚지는 기분이었지만 입안으로 들어오는 떡꼬치는 언제나 맛있었다. 그러니 만나기 전엔 미리 걱정하기도 했다.

'또 간식 먹자 할 텐데 어쩌지?'

당시 은주네는 집도 크고 은주 방, 오빠 방이 각각 있었다. 방에는 피아노와 하얀 침대도 있었는데, 침대 위 레이스 커튼이 정말 예뻤다. 반면 우리 집은 작았고, 언니와 나는 한방을 썼으며, 레이스는커녕 새하얀 가구도 없었다. 어렴풋이 우리 집 형편이 은주네만 못하다는 걸 알았고 그래서 엄마에게 돈 달라는 말을 하지 못했다.

나도 은주에게 떡꼬치를 사 주고 싶다고 생각하며 바닥에 벌러덩 누운 어느 날, 장롱 위에 엄마의 빨간 돼지 저금통이 보였다. 마침 엄마가 거실에서 전화 통화 중이었다.
'저 안에 있는 돈으로 떡꼬치를 살 수 있지 않을까?'
나는 의자를 가져다 장롱 위 저금통을 집어 내렸다. 저금통에는 동전이 한가득 들어 있어 무거웠다.
'유후! 이렇게 많으니 한 개 정도 없어져도 모르겠지? 그런데 이 동전을 어떻게 꺼낸담?'
한참을 궁리했다. 우선 소리가 나지 않게 조심스레 저금통을 뒤집었다. 그리곤 작은 물건을 집어 올리는 은색 집게를 동전 구멍에 넣었다. 요리조리 끄집어냈더니 500원짜리 동전이 나왔다.
'딱 이번만이야.'
두근두근 가슴이 요동쳤다.

"은주야! 나 오늘 돈 있어! 내가 사 줄게!"
은주가 아닌 내가 처음으로 산 떡꼬치. 떳떳하지 못했지만 떳떳한 순간이었다.

처음이 무섭지, 한 번이 두 번 되고 두 번이 세 번 되며 500원 동전을 꺼내는 기술도 능숙해졌다. 이번이 마지막이라고 되뇌면서도 자꾸만 동전을 훔쳐 간식을 사 먹었다.

그러던 어느 날, 엄마가 아셨다! 현장에서 딱 걸린 건지, 유도 신문에 탄로가 난 건지는 기억나지 않는다. 어쨌든 내 도둑질은 들통났고 엄마는 노발대발하셨다. 생생히 기억나는 장면이 있다.

"이것 봐! 이렇게 동전 구멍에 자국이 여러 개인데도 한 번뿐이야?"

동전 넣는 구멍으로 집게를 넣느라 흠집이 잔뜩이었다. 도둑질할 때는 안 보였던 자국이 엄마가 들이미니 선명하게 보였고, 입이 열 개라도 할 말이 없었다. 엄마는 이러다 큰 도둑 되겠다며 경찰서에 전화할 기세였다. 나는 울며불며 달려가 싹싹 빌었다. 그렇게 한바탕 소동 끝에 내 도둑질은 막을 내렸다.

얼마 후부터 용돈을 받았다. 돈을 어디에 썼는지 털어놓는 와중에 "은주는 돈이 많아. 그래서 맨날 사 줘"라고 말할 때 엄마가 움찔했음을 느꼈다. 커다랗게 격양됐던 엄마가 차분하게 작아졌고, 내 조마조마했던 마음에는 미안함이 얹어졌다. 그러면서도 매주 받는 용돈에 고무됐다. 아껴 쓰리라 다짐했지만, 떡꼬치 유혹을 떨쳐 내지 못했고 한동안 신이 났다. 하지만 우리가 사 먹는 간식이 떡꼬치에서 햄버거가 되면서 나는 또다시 얻어먹는 처지가 됐다.

그렇지만 이제는 저금통에 손을 대지도, 엄마에게 용돈으로 살 수 없는 햄버거를 먹어 봤다고 말하지도 않았다. 우리가 사는 집의 크기가 다른 만큼 내가 지금 가질 수 있는 돈에도 차이가 있다는 걸 알았고 내가 할 수 있는 건 은주의 호의를 받는 것뿐이었다.

얼마 전 은주에게 그때 일을 물었다.

"우리 어렸을 때, 학교 끝나고 네가 맨날 나 간식 사 주던 거 생각나?"

"맨날 사 주긴! 너 앞에 두고 나 혼자 햄버거 먹은 기억이 더 많은데. 철딱서니가 없었지. 근데 네가 나한테 편지 써 줬잖아."

"내가?"

"그래, '지금은 매번 받지만, 나중에 성공하면 나도 꼭 베

풀게' 뭐 대충 그런 내용이었어. 그리고 네가 나 유학 갔을 때 아트박스에서 문구류도 우편으로 보내 주고, 대학 때는 모자도 주고 엄청 많이 사 줬거든!"

준 것보다 받은 걸 기억하는 친구. 초라해질 수 있는 순간이 고마운 기억으로 남은 이유겠다. 결국에 내가 받은 건 부잣집 친구의 돈이 아니라 함께 나누고 싶은 마음이었다. 그래서인지 지금까지도 은주에게는 마냥 주고만 싶다.

처음 보는 얼굴

외식이 흔치 않던 시절, 어쩌다 있는 외식은 주로 돼지갈비였다. 하얀 연기와 고기 굽는 냄새, 시끌벅적한 어수선함. 물론 맛은 좋았지만 나는 조금 더 조용하고 특별한 곳에 가 보고 싶었다.

그러다 텔레비전 드라마에서 양식 코스 요리를 먹는 장면을 봤다. 반짝이는 포크와 나이프, 분위기 있는 레스토랑. 나는 눈을 반짝이며 말했다.

"우리도 저런 데 가 보자!"

그리고 어느 날, 다 같이 경양식집에 가게 되었다. 아마도 내가 그렇게 조른 걸 부모님이 기억해 준 모양이었다.

동네 큰 길가, 2층짜리 음식점. 1층은 고기 냄새가 자욱한 고깃집이었다. 하지만 계단을 따라 한 걸음씩 오르자 공기가 달라졌다. 미지근한 고기 냄새 대신 서늘하고 차분한 분위기, 복도마다 조용한 방들이 이어져 있었다.

드르륵, 미닫이문을 열자 정갈한 식탁이 모습을 드러냈다. 반짝이는 식기, 얇고 투명한 유리컵, 부드러운 크림색 테이블 매트. 나는 보자마자 마음에 쏙 들었다. '이런 데서 밥을 먹다니!' 입꼬리가 슬며시 올라갔다.

하지만 아빠와 엄마는 서로 눈치를 봤다. 기대한 분위기가 아니었던 걸까. 엉거주춤 서 있던 엄마가 조심스럽게 말했다.

"다른 데 갈까?"

나는 깜짝 놀라서 고개를 세차게 저었다.

"아니, 여기서 먹고 싶어! 먹자, 응?"

그제야 아빠가 다소 굳은 표정으로 말했다.

"그래, 그럼 한번 먹어 보자."

그제야 안심하고 의자에 푹 기대앉았다. 손끝으로 테이블 매트를 쓱쓱 문지르며 생각했다.

'이 식당에서 나오는 음식은 다 맛있을 거야.'

메뉴판을 펼치니 묵직한 두꺼운 표지가 손에 닿았다. 자리마다 하나씩 놓여 있었고, 혼자서 그것을 들여다보는 것만으로도 중요한 사람이 된 것 같았다. 잘 차려입은 웨이터가 들어와 빠르고 부드러운 말투로 오늘의 스페셜 메뉴를 소개했다. 익숙하지 않은 단어들이 대부분이었지만, 티 나지 않게 고개를 끄덕였다. 낯설었지만 괜찮았다. 나는 스테이크를 골랐다. 문제는 그다음이었다.

"고기는 어떻게 해 드릴까요?"

웨이터의 정중한 물음에 순간 얼어붙었다. 레어, 미디엄, 웰던……. 머릿속에서 단어들이 뒤엉키더니, 하얗게 날아가 버렸다.

"중간으로요……."

간신히 얼버무렸지만, 웨이터가 다시 물었다.

"미디엄이 맞으실까요?"

얼굴이 화끈하게 달아올랐다.

그때부터 식탁 위에 포크와 나이프가 왠지 부담스러워졌다. 나는 괜히 등을 쭉 펴고, 숨을 죽였다. 아까 엄마가 "다른 데 갈까?" 했을 때 따라나섰다면 어땠을까 하는 생각이 스치기도 했다.

주문이 끝나고 나서야 얼었던 공기가 잠시 풀렸다. 그러나 수프가 나올 무렵 조용한 방안은 다시 긴장이 감돌았다. 미묘한 팽팽함 속에서 혼자 능숙하게 움직이던 웨이터가 다가왔다.

"○○로 만든 수프입니다. 향을 음미하며 드셔 보세요."

나는 조심스레 숟가락을 집으려다 멈칫했다. 숟가락이 세 개나 있었다. 슬쩍 엄마 아빠를 바라봤다.

그때, 조용한 테이블에 아빠의 목소리가 낮고 단단하게 울렸다.

"제가 이런 데는 처음이라 좀 설명해 주실 수 있을까요?"

그 한마디를 나는 아직도 기억한다. 살짝 굳은 표정, 어색하게 손등을 문지르던 아빠. 조금 긴장했지만 꾸밈없이 담백하게 건넨 말이었다. 나는 아빠를 가만히 바라보았다. 낯선 공기 속에서도 아빠는 그냥 우리 곁에 있었다. 멋을 부리지도, 숨지도 않았다. 처음 보는 얼굴 같았다.

그런데 이상하게도 더 믿음직스러워 보였다. 그 모습에 괜히 목이 뜨거워졌다. 그 순간, 알았다. 아빠가 우리를 위해 모르는 세계에 주저 없이 발을 내딛고 있다는 걸. 그 작은 용기가 나에게는 세상의 어떤 멋진 모습보다 더 크게 다가왔다.

우리는 결국 각자 고른 숟가락으로 수프를 떠먹었다. 누가 맞았는지는 아무도 몰랐다. 그 뒤에 나오는 음식들도 아무 포크나 집어 들고 먹기 시작했다. 그날의 밥상은 어느 근사한 코스 요리보다 따뜻했다.

그날 이후로 나는 포크나 숟가락의 순서를 몰라도 괜찮은 사람이 되었다. 모르면 모르는 대로, 서툴러도 기쁘게 머무를 수 있는 사람이.

피구왕 통키

내가 어릴 때만 해도 피구왕 통키가 유행이었다. 피구를 소재로 한 만화인데, 방영 시간이 되면 텔레비전 앞으로 달려갔다. 주인공 통키는 무시도 당하고 어려움을 겪지만 마지막엔 '불꽃 슛'을 던지며 승리하곤 했다. 통키가 불꽃 슛을 날릴 때면, 마치 내가 통키가 된 것처럼 통쾌했다. 나도 언젠가 그렇게 멋진 주인공이 되고 싶었다.

학교에서 피구 시합을 할 때는 통키같이 피구를 잘하는 두 명이 가위바위보를 해서 팀원을 결정했다. 주로 몸이 빠르고 공을 세게 잘 던지는 남자아이들이었다. 가위바위보에서 이긴

순으로 호명하면 두 갈래로 나뉘어 서거나 칠판에 이름이 적혔다. 모두 내 이름이 불리길 바라는 마음으로 가위바위보를 지켜봤다. 이미 뽑힌 아이는 전략을 짜며 다음으로 필요한 멤버가 누구인지 의논하기도 했다.

나는 공을 용감하게 잡지도, 또 당차게 던지지도 못했다. 성격도 조용해서 초반에 선택되는 아이가 아니었다. 실력 없고 어필도 못 하지만 내심 먼저 이름이 불리길 바랐다. 내 이름이 언제 나올까 그들의 입을 주시했고, 아무도 날 뽑지 않아서 마지막에 남을까 봐 걱정했다. 친구들이 나를 별 볼 일 없는 아이로 여길까 두려워서 조마조마했다.

"나, 나, 나! 나 뽑아 줘!"

조급함을 이기지 못하고 크게 어필하는 친구도 있었다. 또 관심 없는 척 자기 할 일 하는 아이도 있었지만, 실은 그도 귀를 쫑긋 세우지 않았을까. 친구들이 나를 어떻게 보고 있을지, 내가 인정받고 있는지 확인할 수 있기에 그 순간 초연한 아이는 거의 없었을 것이다.

그러던 어느 날, 피구 시합에서 내가 우연히 마지막까지 살아남았다. 특별히 잘했다기보다 공에 자신이 없어 멀찍이 떨어져 있다 보니 적극적인 친구들이 먼저 아웃되는 틈에 살아남은 것이다. 우리 팀에서 혼자 남았기에 상대 팀에서는 나를 맞추는 것에 혈안이 되었고, 나도 숨이 가쁘게 움직였다. 공이 날아올 때마다 온몸에 힘을 줘서 피하면 등 뒤로 바람이 스쳐 지나가는 게 느껴졌다. 아슬아슬한 순간의 연속이었지만 끝까지 살아남은 건 작고 날쌘 몸 덕분이기도 했고, 운 좋게 공과 반대 방향으로 몸을 돌린 덕분이기도 했다. 안간힘과 운이 만나 상대 팀에 남았던 인원이 모두 아웃될 때까지 버티자 우리 팀이 이겼다.

그렇다. 어안이 벙벙했지만, 이번 시합의 주인공은 나였다. 내 손으로 공 한 번 잡지 않았지만 승리를 이끈 주인공이 되었다. 심장이 터질 듯 뛰었고 손바닥은 땀으로 흠뻑 젖었다. 모두의 시선이 나에게 쏠린 순간, 쾌감이 밀려왔다. 시합이 끝난 뒤에도 짜릿하고 벅찬 순간을 일기에 적는 등 여러 번 영광의 순간을 재생하며 슬며시 미소지었다. 가장 좋았던 점은 그 뒤로 나의 이름이 일찍 호명되었다는 거다.

"귀덕이 뽑아, 귀덕이!"

이기기 위해선 공을 잘 던지는 사람도 필요하지만 공을 잘 피하는 사람도 필요했다. 나는 처음은 아니어도 꽤 일찍 이름이 불리게 되었다. 그 뒤로 시합마다 내가 공을 잘 피할 수 있다는 것을 증명하려고 최선을 다했다. 공격보다는 방어, 내가 할 수 있는 일에 집중하기로 한 것이다. 잘 풀리는 날도, 마음과 달리 일찍 공에 맞아 실망한 날도 있었지만 대체로 나는 잘 피하는 쪽으로 포지션을 잡고 체육 시간을 보냈다.

그리고 매 시합 미끄러져 넘어지는 것 따위는 아랑곳하지 않고 최선을 다했다. 다시 한번 마지막까지 살아남아서 승리한다면 친구들이 환호할 순간을 수없이 떠올리면서 말이다. 어쩌면 그때 나는 불꽃 슛으로 주인공이 된 통키와 달리 불꽃 슛 없이도 주인공이 될 수 있다는 걸 깨달았는지도 모르겠다.

나의 그리운 여름방학

방학 중에서도 여름방학은 가장 특별하다. 학기 끝에 찾아오는 겨울방학이나 봄방학과는 다르게 여름방학은 학기 한가운데 있다. 끝도 아니고 시작도 아니어서 오롯이 나만의 시간으로 채울 수 있는, 그래서 더 자유로운 시간.

"여름방학에 어디 갈 거야?"

"여름방학에 뭐 할 거야?"

방학이 시작하기도 전부터 한껏 고대하며 이미 즐거웠다.

학교와 일상에서 벗어나 자유를 만끽해야 할 것 같은 시기. 아침엔 알람 없이 늦잠을 자고, 창밖으로 쏟아지는 햇살을 보며 '오늘은 무얼 해 볼까?' 하던 그때.

가장 기억에 남는 여름방학은 가족이 동해로 여행을 떠났을 때다. 어릴 땐 여행을 자주 가는 집이 아니었기에 다 같이 먼 곳으로 놀러 가고, 게다가 집이 아닌 곳에서 잠을 잔다는 경험 자체가 생소하면서도 무척 흥분됐다. 얼마나 강렬했던지, 아직도 나는 그때의 동해를 희미한 짠 내음으로 기억한다. 그 짠 내음의 정체는 다름 아닌 오징어였다.

파란 바다 앞에서는 갓 잡아 온 오징어를 회로 썰어 팔았다. 사실 우리 가족은 바다보다 오징어에 푹 빠졌더랬다. 오징어회를 처음 먹던 날, 오징어를 어떻게 날로 먹냐며 나는 먹지 않겠다고 버텼다. 그러다 결국 여행이 주는 들뜸에 항복하고 눈을 질끈 감았다. 딱 한 번만 먹어 보기로 하고 호기롭게 입에 넣었는데, 질깃한 식감에 당황했다. 하지만 곧바로 이어진 초고추장의 달큰한 맛이 모든 걸 해결해 줬다. 한 입, 두 입, 어느새 나도 모르게 손이 가고 있었다. 그때는 오징어가 회 입문용으로 흔하고 또 푸짐했다. 더구나 바로 잡은 것을 먹으니 얼마나 맛있던지, 심지어 차 안에서도 언니와 뒷좌석에 나란히 앉아서 오징어를 먹었다.

잘 먹는 두 딸이 예뻐서였는지 아니면 양 걱정 않고 실컷 먹이고 싶어서였는지 엄마는 조금 가다가 안 되겠다며 차를 돌렸고 아예 오징어 스무 마리를 포장해 왔다.

"아니, 어떻게 다 먹으려고! 날도 더운데 남으면 상하지!"

아빠의 타박에도 엄마는 아랑곳하지 않았다.

"서울보다 크고 싱싱한데 값은 절반이야! 푸지게 먹자!"

오징어를 가득 담은 하얀색 스티로폼 상자를 들고 있던 엄마의 들뜬 얼굴, 그 소란한 몸짓.

차가 막히면 도로에서 빠져나가 한적한 길에 차를 대고 또 오징어를 먹었다. 그렇게 오징어와 함께 쉬고 다시 달리기를 반복했다. 아무리 먹어도 질리지 않고 신명 나던 그 순간은 지금도 내 마음속 작은 평화로 남아 있다.

물론 여행처럼 즐거운 기억만 있는 건 아니다. 여름방학 단골손님은 바로 숙제다. 특히 일기는 재앙이었다. 베란다에 쌓인 신문을 뒤적이며 '이날 비가 왔었던가?' 하던 나. 인터넷도 없던 때였으니 신문이 없는 몇 주 전 날씨는 대충 해와 구름 혹은 해와 비를 동시에 얼렁뚱땅 표시하기도 했다. 들킬까 봐 마음 졸였지만 들키지 않으려는 작은 노력조차도 사치인 개학 바로 전날이었다. 팔이 부러질 듯 아파도 물러설 곳 없는 바로 그날 말이다. 설상가상, 깜깜한 밤이 되어서도 허둥대고 있자면 한쪽에서는 부모님 잔소리가 배경음악처럼 흘러나왔다. 나는 '다음 방학땐 미리 해야지'라고 다짐했지만……. 그 다짐은 다음 해 여름방학 전날까지 그대로 잠들어 있었다.

매년 똑같은 방학의 끝자락. 당시에는 밀린 숙제에 무진장 괴로웠는데 이제는 그렇게 듣기 싫던 부모님 잔소리마저 아주 예전 일이 된 것 같다.

어릴 때는 길고 자유로웠던 여름방학이 어른이 되고 나니 짧고 계획적인 여름휴가로 변했다. 선생님이라서 여전히 방학은 있지만 같이 휴가를 떠나는 직장인 친구나 남편에 맞추느라, 지금은 출발 전부터 빡빡한 일정표를 짜고 있다.

함께 떠나는 친구나 남편에게서 통보받은 여름휴가는 길어야 일주일. 그것도 하루라도 더 길게 쓰려면 미리 일정을 쪼개서 업무를 조정하는 등 눈치를 봐야 한다고 했다. 그렇게 얻은 휴가이기에 최대한 알뜰히 쓰려고 계획을 세우고 효율을 따진다. 남들 가 봤다는 좋은 곳을 찾아 방문할 장소 리스트를 만들고, 사진이 잘 나올 만한 곳에선 인증 숏도 빠뜨리지 않는다. 또 수많은 맛집 중 리뷰와 평점을 보며 가장 맛있을 것 같은 곳을 골라 줄을 선다.

어릴 때는 그저 늦게까지 놀고, 더우면 물놀이를 했고, 밤이 되면 가족들과 선풍기 바람을 맞으며 잠들었다. 그런데 이제는 모든 여름이 계획 속에 있다. 몇 시에 출발해서 어디에 가고, 어떤 맛집에서 무엇을 먹을지 동선을 정한다. 그러니 온전히 자유롭지 못한 채 자꾸만 시계를 보고, 다음 일정을 곱씹으며 초조해지기도 한다. 그럴수록 문득문득 생각난다. 아무것도 정해 두지 않은 채 하루를 흘려보내던 그때의 여름이.

 언젠가 다시 아무 계획 없이 맞는 여름이 찾아올까? 알람을 맞추지 않고 늦잠을 자고, 눈을 뜨자마자 '오늘은 무얼 할까?' 고민하던 그때처럼. 아이스크림 한 스푼에 어린 시절의 달콤함을 떠올리듯, 여름방학은 사라졌지만 내 마음속 작은 여름은 여전히 남아 있다. 때로는 바쁜 하루 끝 맥주 한 캔 속에, 때로는 뜨거운 여름밤 창밖에서 불어오는 바람 속에.

우정에 목숨 걸던 시절

"화장실 가자!"

5학년 수아는 오늘도 서진이와 함께 화장실에 간다. 둘은 수업 시간엔 떨어져 있다가도 쉬는 시간이면 자석처럼 붙어 지내는 단짝이다. 그러던 어느 날, 채린이가 전학 왔다. 채린이는 수아와 한 모둠으로 앉게 되었는데, 학원에서도 같은 반이라는 접점이 있었다. 채린이는 수아에게 적극적으로 다가갔고 수아도 싫지 않았다. 하지만 서진이는 불편했다. 늘 수아와 둘이었는데 셋이 되니 어색했고 수아 옆에 다른 친구가 있는 게 싫었다.

그러던 사회 시간, 조사 수업을 하기로 했다. 수아와 서진이는 당연하게 서로 같은 팀을 할 거라 여겼다. 그런데 이번에도 채린이가 말했다.

"수아야, 사회 조사 같은 팀 하자!"

수아는 고민했다. '서진이가 싫어하면 어쩌지? 하지만 셋이 팀 하면 되니까 괜찮겠지?'

"그래! 서진이도 같이 하자!"

수아는 하굣길에 서진이에게 말했다.

"서진아, 채린이가 사회 팀 같이하재."

"뭐? 나랑 안 하고?"

서진이 목소리가 평소보다 한 톤 더 높아졌다.

"셋이 하면 될 거 같아서."

"어떻게 나한테 말도 안 하고 정할 수 있어?"

수아는 미안하다고 말했지만, 서진이는 답이 없었다. 점점 자신이 밀려나고 소외되는 기분이었다. 둘 사이에 어색한 침묵이 흘렀다.

그날 수아는 일기장에 속상한 마음을 썼다.

요즘 참 답답하다. 셋이 잘 지낼 순 없는 걸까? 채린이를 거절하기도 힘들고, 서진이가 삐지는 것도 싫다. 내가 잘못하고 있는 걸까?

수아의 일기장을 보자, 마치 어릴 적 나를 보는 듯했다. 나 역시 수아처럼 두 친구 사이에서 힘들었던 기억이 있다. 서진이처럼 다른 친구가 끼어들어서 불편했던 적도, 채린이처럼 이미 형성된 관계에 어떻게든 끼어 보려고 눈치 본 적도 있으니 친구 문제로 골머리깨나 앓았다. 그때는 나만 이런 고민을 하는 것 같았는데 지금 와 보니 친구 관계가 복잡미묘해지는 고학년이 되면, 특히 여자아이들 사이에서는 흔히 겪는 고민이었다.

가장 심각했던 갈등은 6학년 때였다. 수아처럼 같은 반 은주와 서영이 사이에 한 명을 택해야 하는 상황이 반복됐다. 은주는 둘만의 우정을 원했지만, 서영이는 셋이 함께하길 바랐다. 거절이 어려웠던 나는 셋이 함께 노는 것을 택하곤 했는데, 각자 불만을 쌓아 두던 어느 날 교실에 셋이 남아 오랜 시간 말싸움을 벌였다. 하지만 도무지 좁혀지지 않던 의견 차이로 모두 속이 상한 채 집에 돌아갔다. 그 뒤 며칠 밤을 설치며 고민했던 기억이 난다.

곰곰이 생각해 보니, 은주의 속내는 다른 친구와는 차별되는 마음을 주었으니 너도 내게 조금 더 특별한 마음을 주었으면 좋겠다는 뜻이었다. 은주의 마음을 어렴풋이 이해하고 난 뒤, 서영이에겐 미안하지만 은주의 손을 잡고 갈등을 마무리했다.

발가벗겨지듯 솔직하고도 진지하게 서로를 이해하려 노력하던 시간. 당시엔 눈물 콧물 흘리며 난리통이었는데 지금 떠올리면 피식 웃음이 나올 만큼 귀엽다.

은주와는 4학년에 만났으니 쌓인 시간만큼이나 자잘한 추억이 많다. 우리가 자주 가던 놀이터에는 사다리꼴 놀이 기구가 있었는데, 우리 멋대로 '오르락내리락'이라는 이름을 붙이고 오르내리기를 반복했다. 굉장히 높아서 서로 손도 잡아 주고 엉덩이도 밀어 주며 놀았는데, 어쩌다가 한 번에 재빠르게 올라가면 세상을 다 가진 듯 행복했다.

바로 옆 동 아파트에 살아서 중학교도 함께 다녔고 사춘기 시절엔 일기장을 주고받으며 속마음을 털어놨다. 부모님 때문에 속상한 마음, 형제자매와 싸운 뒤 하소연, 짝사랑하는 남학생 이야기 등 쉽게 말 못 할 비밀을 당연하듯 주고받았다. 짝사랑 고백 편지를 대신 써 주면서도 "내가 비록 좋아하는 남자애가 생겼지만 그래도 항상 네가 우선이야!"라는 오글거리는 멘트도 서슴지 않던, 내 모든 것을 주어도 아깝지 않던 시절이었다.

이런 일도 있었다. 그해 중학교 음악 수행평가는 자유 악기 연주였다. 나는 음치에 박치라서 음악 수행평가가 항상 어려웠다. 피아노를 잘 치던 은주는 그런 나를 위해 개인 선생님을 자처하며 곡을 정해 주고 또 가르쳐 주었다. 비교적 쉽고 소리가 예쁘다며 소나티네 7번을 정해 준 게 기억난다. 마치 딸 시험을 돕는 엄마처럼 두 팔 걷어붙이고 매일 연습한 것을 체크하고 격려해 준 덕에 나도 열심히 연습했다.

마침내 시험을 치르고 바로 다음 날, 교실 뒤 게시판에 걸린 점수를 확인하고 "너 97점이야!"라고 소란스레 기뻐하던 은주. 그런 은주를 보고 선생님이 말씀하셨다.

"넌 귀덕이보다 점수도 낮으면서 그게 그렇게 좋으냐?"

"죽을 때까지 함께하자!"
순수하고 반짝반짝 빛나던 시절을 지나며 우리는 더욱 단단해졌고, 때때로 우정을 맹세했다. '맹세'라는 단어가 거창하게 들릴지 모르지만 우리 우정은 그만큼 요란했다. 우정이 전부였던 시절, 얼마나 유별났던지 주변 어른들은 이렇게 말하곤 했다.

"커 봐라~ 다 제 살기 바쁘지."

아쉽게도 우리는 다른 고등학교에 진학했다. 그러나 계속 일기장을 주고받았고 후에 은주가 미국으로 유학을 간 뒤에도 메일로 연락을 이어갔다. 자주 만나지 못했지만, 서로의 근황을 궁금해하고 전하면서 각자의 삶을 꾸렸다. 바로 옆에서 온기를 나누지 못해도 존재만으로 위로가 됐던 친구. 은주가 다시 한국으로 돌아온 뒤에도 근처에 살면서 계속해서 연애, 취업, 결혼, 그리고 육아까지 함께 할 수 있었다.

우리는 요란하다 타박했던 어른들을 비웃기라도 하듯 여전히 끈끈하다. 아줌마가 되어도 30년지기 친구를 만나면 놀이터에서 놀던 아이처럼 천진난만해진다. 그래서 내 인생에 가장 값진 보물은 단연코 우정이다.

어느 날 남편이 말했다.
"난 서른에 결혼하기 전까지 이사를 열두 번이나 다녔잖아. 그래서 친구 사이에 갈등은커녕 깊은 관계를 맺기도 쉽지 않았어. 가족 같은 우정이란 게 신기하고 부럽다."

그렇구나. 서로의 민낯을 마주하며 울고 웃는 동안 우리만의 끈끈하고 특별한 관계가 만들어졌던 것이다. 그리고 그건 그때만 할 수 있는 소중한 경험이었다.

물론 모든 우정이 오래도록 이어진 건 아니었다. 계절처럼 스쳐 지나간 친구도 있었고, 어느 날 문득 멀어져 버린 사이도 있었다. 하지만 꼭 오래가야만 소중한 건 아닐지도 모른다. 친구라는 이름 아래 울고 웃고 삐지고 화해하며 솔직한 마음을 나눴던 순간들은 내 안 어딘가에 고스란히 쌓여 지금의 나를 만들었다.

그래서 이제는 생각한다. 꼭 영원하지 않아도 괜찮다고. 가끔은 문득 생각난 이름 앞에서 연락할까 망설이다가 그냥 조용히 그 시절을 떠올리며 미소 짓게 되는 날도 있다. 비록 지금은 연락이 닿지 않는 사이라 해도, 그때가 아니면 가질 수 없는 그 시절만의 우정이 있었기에 여전히 마음 한구석이 따뜻해진다. 내 안에 남아 있는 그 시간들은 어쩌면 지금을 살아가는 데 필요한 작은 용기이자 위로인지도 모른다.

그런 우정이 내게도 있었음을 기억하는 것만으로도 참 다행이다.

좋아하는 마음

"선생님, 윤서가 편지 줬어요!"

편지에는 '널 좋아해. 친하게 지내자'라는 글씨가 삐뚤빼뚤 적혀 있었다. 조금 더 학년이 올라가면 그 삐딱한 글씨는 어느새 '카더라 통신'으로 바뀐다.

"선생님! 민서랑 하진이랑 사귄대요!"

그런 아이들을 보노라면 '좋을 때다~' 싶기도 하다. 부러움을 뒤로 하고 나는 꼭 짚어 말한다.

"좋아한다는 건 예쁜 마음이야. 그러니 놀리듯 말하면 안 되는 거야."

내가 이렇게 말하는 데는 이유가 있다. 때는 바야흐로 5학년 때였다. 가을 소풍날 버스 뒤에 앉은 아이들끼리 진실 게임을 했다.

"우리 반에 좋아하는 애가 있다, 없다!"

"나는 우리 반에서 누가 제일 좋다!"

한창 이성에 관심이 많았을 때니 주로 그 이야기였다.

그 아이들은 목소리가 크고 활달했으며, 남자 여자 내외하지 않고 친하게 지내는 아이들이었다. 반면 나는 아직 남자 친구들과의 교류가 어색했다.

그런데 진실 게임 후 아이들이 나를 보고 수군대기 시작했다. 진실 게임에서 나온 말은 다른 사람에게 발설해선 안 된다는 규칙 때문에 누구도 속 시원히 말해 주지 않았지만, 내 이름이 거론된 게 분명했다. 그렇게 수군거림과 눈총을 느끼며 2학기를 보냈고, 언제부턴가 같은 반에 김지석이라는 아이가 날 좋아한다는 걸 눈치챘다. 누군가 날 좋아한다는 건 기분 좋은 일이지만 소심한 나로서는 아이들 입에 오르내리는 게 불편하기만 했다.

그러던 하굣길이었다. 키득거리는 소리에 돌아보니 그와 친구 몇 명이 쫓아오고 있었다. 친구들 응원에 한껏 상기된 듯

지석이의 얼굴이 빨개져 있었다. 직감적으로 내게 고백할 것 같다는 생각이 들었다. 걸음을 빨리했다. 제발 그런 일이 생기지 않길 바랐다. 답할 마땅한 말도 떠오르지 않았지만, 내일 반 아이들에게 중계될 게 뻔했다.

나중엔 거의 뛰다시피 집으로 들어갔고 가슴이 콩콩 뛰었다. 잠시 후, "딩동!" 역시나 벨 소리가 울렸다. 가슴이 덜컹, 너무 놀라 방으로 숨어 버렸다. 딩동! 딩동! 연거푸 울리는 벨 소리가 위협적으로까지 느껴지는 차에 다행히 엄마가 오셔서 그날 일은 그렇게 일단락됐다.

그리고 내 흑역사는 이제 시작.
크리스마스 카드를 만드는 미술 시간이었다. 왜 이런 흑역사에는 어느 자리에 앉았는지까지 기억나는지. 1분단 첫 번째 줄 오른쪽에 앉아 있었다. 친구에게 크리스마스 카드를 만들어 주는 활동이었는데, 또 그의 주변 아이들이 키득키득 힐끔힐끔하는 게 오른쪽 뒤통수에서 느껴졌다. 설마설마하는 마음으로 카드를 만들었다. 무슨 죄를 지은 것도 아닌데 왜 그리 마음이 불편하고 조마조마했는지.

잠시 화장실을 다녀와 보니 책상 위에 카드가 놓여 있었다. 올 것이 왔구나! 뒤통수에 많은 시선이 느껴졌고, 카드를 집어 들자 반 전체가 조용해지는 기분마저 들었다. 내 짝꿍도 날 올려다보고 있었다. 카드를 천천히 펼쳤다. 역시 김지석이 나를 좋아한다는 내용의 카드를 쓴 거였다. 내가 카드를 열어 보는 것을 보고 반 전체가 환호성을 질렀다.

"오오오오~"

순간 내가 왜 그랬는지 모르겠다. 정말 왜 그랬는지……. 나는 그만 카드를 찢어서 내 책상인지 그 애 책상인지 정확히 기억나지 않지만, 책상 위에 카드 조각을 흩뿌렸다. 그리고 자리에 엎드려 울고 말았다. 진상. 진상. 당시엔 이유도 모른 채 그런 행동을 했다. 평소 조용했던 나에게 참 어울리지 않는 행동이었다.

지금 와서 생각해 보면 모든 감정이 뒤섞였던 것 같다. 당황스러움, 두려움, 창피함, 그리고 어쩌면 조금의 화까지. 그리고 그 감정들을 처리해 내는 것에 무진장 서툴렀다.

가끔 그날을 기억하는 누군가가 있을 걸 생각하면 쥐구멍에 숨고 싶다. 누군가를 좋아한다는 것은 예쁜 마음인데, 나는 주변을 신경 쓰느라 예쁜 마음을 보지 못했다. 그래서 아주 못

되고 기괴한 행동을 해 버렸다.

물론 지석이도 감정을 표현하는 것에 서툴렀다. 주변 아이들과 속닥속닥한 상황이 특히 그랬다. 하지만 고작 열두 살. 친구들의 코치와 응원이 필요했을 테다. 그날 이후로 나는 김지석에게 제대로 말을 건 적이 없었다. 애써 모르는 척, 아무 일도 없었던 것처럼 지냈지만 그날의 장면은 내 안에 각인되어 오래도록 마음이 쓰였다. '정성스레 만든 카드를 왜 찢었을까?' 뒤늦게야 밀려온 미안함과 후회는 결국 아무에게도 전하지 못한 채 가슴속에 묻혔다.

나도 누군가를 몰래 좋아했던 적이 있다. 늘 앞자리에 앉던 아이. 가끔 돌아보다 눈이 마주치면 괜히 고개를 돌리고, 이름을 부를 땐 아무렇지 않은 척 노력하던 날들이 있었다. 특별한 말을 나눈 적도 없고 같이 어울려 논 기억도 거의 없지만, 이상하게 그 아이가 웃는 얼굴을 보면 나도 덩달아 기분이 좋아졌다. 쉬는 시간마다 그 아이 주변에 누가 있는지 오늘은 어떤 색 티셔츠를 입었는지 같은 사소한 것들로 하루가 채워졌다.

하지만 단 한 번도 마음을 드러내진 못했다. 괜히 들킬까 봐, 누가 놀릴까 봐, 혹은 거절당할까 봐 어린 나는 그런 상상만으로도 어쩔 줄을 몰랐다. 그렇게 아무 일 없이 흘러간 시간. 이제는 아주 오래된 영화처럼 흐릿한 장면이지만 가끔 아무도 모르게 혼자만의 세계에서 반짝이던 감정이 문득 떠오른다.

누군가를 좋아하면서도 그 감정을 부끄럽고 두려워했던 시절. 표현이 서툴러 결국 상처로 남기도 했던 그 마음이 지금도 불쑥 고개를 든다.

이제는 그 시절의 나를 참 예뻐해 주고 싶다. 그리고 다시 그때로 돌아간다면 지석이에게 꼭 말해 주고 싶다. "카드 고마워"라고.

노력해도 되지 않는 것

20대 초반, 캐나다로 첫 해외여행을 갔다. 기차 안에서 역무원이 돌아다니며 파는 스낵으로 식사를 해결하기로 하고 샌드위치를 시켰다. 그런데 아무리 "샌드위치 플리즈"라고 말해도 예쁘게 생긴 역무원은 "I'm sorry"를 되풀이할 뿐이었다. 결국에 유학 중인 친구가 대신 주문해 주었다.

"샌.드.위.치라고 하면 못 알아듣고 '새~앤(드)위치'라고 말해야 해."

정직하게 또박또박 말할 게 아니라 발음과 강세에 신경 써야 한다는 말이었다. 그 자리에서는 친구를 따라 연습도 했다. 하지만 이 일 이후, 나는 외국에서 샌드위치를 주문하지 않았다. 머리로는 알지만 "샌.드.위.치"를 "새~앤(드)위치!"로 발음하려니 낯이 뜨겁고 온몸이 긴장되어서다.

실은 내게 영어는 수치스러움과 맞닿아 있었는데, 영어를 할 때마다 떠오르는 기억 때문이다.

초등학교 6학년 겨울, 동네에 종로학원이라는 종합학원이 생겼다. 처음 반 배치 고사는 수학만 봤고, 나는 제일 높은 반에 배정됐다. 문제는 다음 달부터였다. 매달 '월례 고사'라고 한 달간 공부한 것을 점검하는 시험이 있었는데, 수학과 영어 시험을 보고 그 결과에 따라 다시 반 배정을 했다. 기다란 복도 벽에 결과지가 붙으면 우르르 몰려가 하얀색 종이에서 자기 이름을 찾았다. 높은 반으로 올라간 아이, 그대로인 아이, 낮은 반으로 내려간 아이. 희비가 교차했다. 결과지에서 내 이름을 확인한 뒤에는 친한 친구나 좋아하는 이성의 이름을 찾느라 더 머물렀다. 다른 사람의 성적을 훔쳐보며 생각보다 낮을 때는 안타까웠고, 높을 때는 부러웠다. 반대로 누가 내 이름을 볼 걸 생각하면 창피하기도, 우쭐하기도 했다.

나는 영어를 못해서 매달 하나씩 낮은 반으로 내려갔고, 아무리 노력해도 반을 낮추게만 하는 영어가 싫었다. 더구나 수학과 영어의 편차가 심했기에 같은 반 친구보다 영어 실력이 부족했다. 매시간 스무 개씩 단어 시험을 보면 아는 단어는 한 개 있을까 말까였는데, 옆에서 리스트를 외우는 친구는 이미 절반은 아는 것 같았다. 나만 모른다는 생각에 자꾸만 조급해졌다. 쓰고 또 썼지만 도무지 외워지지 않아 답답했다. 시험을 보면 틀린 개수만큼 아이들 앞에 나가 손바닥을 맞았다. 매 맞으러 나간다는 건 상상만 해도 끔찍했다. 매번 늦은 밤까지 어떻게든 다 외워 갔다.

그런데 그날은 왜 그랬는지…… 시험을 까맣게 잊었다. 아니면 예고 없이 시험을 본 건지도 모르겠다. 선명한 기억은 "단어 시험 준비!"라고 말하는 선생님 목소리부터다. 눈앞이 하얘지는 동시에 심장이 터지는 것 같았다. 차라리 정말 심장이 터져서 깨꼬닥 죽어 버렸으면 좋겠다고 생각했다. 확 쓰러져 버릴까? 배가 아프다 할까? 엄마가 오랬다고 할까? 미친 척 나가 버릴까? 교실에서 도망가는 오만가지를 상상했지만 기절한 척할 배포도, 박차고 나갈 용기도 없었다. 그저 문을 야속하게 바라보며 앞 친구가 넘기는 시험지를 받았다.

시험이 끝나면 100점 받은 사람의 이름이 먼저 불린 뒤,

한 개부터 적게 틀린 순으로 호명해 막대기로 손바닥을 맞았다. 그렇다. 내 이름은 맨 마지막에 불렸고 나는 스무 대를 맞았다. 부모님께 매 한 대 맞은 적 없었는데, 한 번에 스무 대를 맞다니! 그것도 모두가 쳐다보는 학원에서 공개적으로! 잊지 못할 사건이었다. 의자에서 일어나 앞으로 나갈 때부터 꿈인 듯 몽롱했고, 매를 맞을 때는 나를 제외한 교실 공간과 물건들이 붕 뜨는 느낌일 만큼 비현실적이었다. 순식간에 스무 대를 맞았는데, 손바닥보다 정신이 더 얼얼했다.

쉬는 시간이 되자마자 화장실로 달려가 꺽꺽대며 울었다. 자꾸만 흘러나오는 눈물을 주체할 수 없었다. 친한 친구들이 달려와 달래 주었지만 충격이 가라앉지 않았다. 내 진짜 실력이 까발려졌구나. 손바닥에서 불이 나는 듯 아프기도 했지만, 아무리 시험 볼 줄 몰랐다 해도 알고 있는 단어가 하나도 없다는 게 창피했다. 다음 수업 종이 울려도 교실로 돌아가지 못하고 한참을 화장실에 있었다. 이날의 당혹스러움은 오래도록 날 괴롭혔다. 영어를 할 때마다 그날의 부끄러움이 떠올랐다.

지금은 아주 어린 나이부터 흔히 영어를 접하지만 내가 학교 다닐 때는 중학교 1학년부터 배우는 과목이었다. 다른 나라 말이 신기한 것도 잠시, 어렵기만 한 영어에 금세 움츠러들었다. 특히 지문 소리 내어 읽기에 걸릴까 봐 마음 졸였는데, 뚝딱거리는 발음이 창피했고 그렇다고 혀를 굴릴 능력도 배짱도 없었으니 비웃음을 살 것 같아 두려웠다. 외운 단어여도 문장 안에 있으면 해석이 엉켜서 미로 한가운데서 '이건가? 저건가?' 하는 기분이었다.

이 세상에 영어가 없어져 버리면 좋겠다고 분노하며 억지로 수능 영어를 공부했다. 대학만 가면 쳐다도 보기 싫은 영어는 이제 공부하지 않아도 될 줄 알았는데 이번엔 회화 학원에 다녔다. 회화는 수능과 또 달랐다. 읽고 쓸 줄 아는 단어인데도 듣거나 말하지 못했다. 그런데 한술 더 떠 어학연수도 다녀왔으니, 진절머리 나게 돈과 에너지를 소모하면서 영어에 집착했다. 미국에 가면 안 되던 영어가 술술 나올 줄 알았지만 그런 드라마틱한 일은 벌어지지 않았다. 이렇게까지 들인 공에 비해 외국인만 보면 눈을 마주치지 못하고 황급히 땅으로 떨구곤 했으니, 내 인생에 단 한 번도 영어 앞에서 당당하지 못했다.

지금 생각해 보면 나는 영어에 끝이 있는 줄 알았다. 처음은 단어 시험에서 매를 맞지 않는 것이었고, 다음엔 수능 영어 100점이었다. 그리고 마지막 종착지는 유창하게 외국인과 대화하는 내 모습이었다. 하지만 늘 실패했고, 위축된 모습에 머물렀다. 그렇게 1년, 2년, 10년이 지나도 그 자리에 머물다 보니 어쩌면 영어는 내가 잘할 수 없는 성격의 것이라는 생각이 들었다. 실수하더라도 입 밖으로 내뱉어야 느는데, 그런 성질이 나에겐 어렵기만 했다.

뭐든 노력하면 잘할 수 있다 믿었다. 그러나 인생에는 아무리 노력해도 안 되는 것이 있다. 내겐 영어가 그렇다. 영어를 정복하려 반평생을 애썼지만, 애초에 깃발 없는 산에 깃발을 상상하며 올랐달까? 안 되는 건 안 되는 거였다.

이제는 유난히 못 하는 것, 어른이 되어도 서툴고 버벅대는 것들을 그냥 인정하고 받아들이는 중이다. "그래, 나 영어 못한다! 어쩔래?" 하는 마음가짐이다. 할 만큼 해 봤기도 했고, 잘해야 한다는 의무나 시험이 없어지고 나니 홀가분해진 탓도 있다. 또 무엇보다 나 말고도 영어 못하는 사람이 많다는 것을 알기에 안도감도 생겼다.

그래서일까? 오히려 마음이 편안해졌다. 심지어 영어를 공부해야 할 이유가 없는데도 마흔에 화상 영어를 시작했다. 물론 영어 정복 같은 비장한 마음도, 기대도 없다. 그저 약속한 시간에 할 수 있는 만큼 더듬더듬 대화한다. 유창해지면 좋겠지만, 아니어도 할 수 없다. 때때로 창피하기도 하지만 동시에 뭐 어때 싶기도 하다. 어차피 외국어에 끝이란 건 없을 테고, 나의 최선은 더듬거려도 회피하지 않고 그저 대화하는 거니까.

실수하면 어쩌지

"선생님, 누가 화장실에 똥 쌌어요!"

누군가 화장실 물을 안 내리기라도 하면 특종 보도가 펼쳐진다. 말이 끝나기 무섭게 눈으로 봐야만 믿을 수 있겠다는 듯, 모두가 우르르 몰려 나간다. 여자 친구도 남자 화장실 앞에 서성이며 묻는다.

"진짜야? 진짜 똥이 있어?"

"응, 내가 봤어!"

복도에서 소리가 들리는데도 친절하게 와서 말해 준다.

"선생님, 제가 봤는데요······."

이 소동은 누군가 한 명이 물을 내리고서야 일단락된다.

그리고는 그 누군가가 꼭 보고한다.

"선생님, 제가 물 내렸어요!"

아이들은 누군가의 똥으로 하나가 된다. 이 외에도 학교 화장실을 못 가서 하교 때까지 참는 아이, 변기 바깥에 소변을 보는 아이, 대변을 보고 휴지가 없는 아이 등 다양한 흑역사가 생긴다. 처리 능력은 점점 능숙해지지만, 응급 상황은 어쩔 수 없이 찾아온다.

3학년 때였다. 수업 시간 중이었지만 화장실이 너무, 정말 너무 급했다. 당장 쌀 것 같은데 쉬는 시간까지 기다리려니 괴로웠다. 선생님께 말하고 화장실을 다녀올까? 조금만 더 참아 볼까? 하지만 수업을 멈추고 화장실 가겠다고 말할 용기가 없었고, 시간은 속수무책 흘러 한마디도 입 밖에 낼 수 없을 만큼 다급해졌다. 온 에너지를 그곳에 집중시켜 한 방울도 나오지 않게 하려고 애썼는데, 그런데…… 그만……, 싸고 말았다. 수업 시간 교실 한가운데서 쉬를 하고 만 거다. 처음이 어렵지 일단 소변이 밀려 나오자 에라 모르겠다 싶기도 했다. 일을 마치자 그제야 당혹감과 수치심에 사라져 버리고 싶은 아찔함을 느꼈다. 특히 내 짝꿍은 개구진 남자아이였다. 나는 오줌싸개로 놀림 받으며 이번 생을 마무리하게 될 것 같았다.

얼마의 시간이 흘렀는지 모르겠다. 선생님이 내 자리로 오셨다.
"물병에서 물이 흘렀네."
선생님은 아무 일 아니라는 듯 바닥을 치워 주셨다. 다행히 아무도 모르고 지나갔는데, 그와중에도 짝꿍이 눈치채지 못했다는 사실이 가장 기뻤다. 로또보다 더한 행운. 그래서 지금도 3학년 담임선생님 성함을 기억한다. 이미란 선생님. 내 초등 시절을 사람답게 지켜 준 은인이다.

그리고 이제는 안다. 당시 선생님이 전부 알고 도와주셨다는 것을. 그러지 않고서는 흠뻑 젖었을 바지가 설명이 안 되었을 테니까. 교실에서 쉬를 했으니 바지를 갈아입고 바닥에 흐른 소변을 치우는 일이 당장 해결해야 할 문제였다. 하지만 뒷일은 기억나지 않고 오로지 친구들이 모르고 넘어갔다는 사실만 또렷이 기억한다.

그러고 보면 어떤 문제가 생겼을 때 가장 두려운 건 문제 해결 그 자체가 아니라, 문제를 일으킨 나를 바라보는 타인의 시선인 것 같다.

일곱 살 딸아이가 집에서 코를 팔 때였다. 내가 보고 있다는 것을 눈치채고 화들짝 놀라길래 쿡쿡 웃음이 나왔다.

"휴지에 버리면 돼. 엄마도 코 파는걸."

"엄마도 코를 판다고?"

"그럼, 어른도 코를 파. 다만 아무도 안 보는 데서 몰래 파는 거야."

생각해 보니 1학년 교실에서는 코 파는 아이가 꼭 몇 명 보이는 데 비해, 6학년 교실에서는 코 파는 아이를 보는 일이 드물다. 어른도 코를 판다. 차이는 누가 보는지 알고 있어서 아무도 안 볼 때 하는 법을 터득했을 뿐이다. 딸아이는 이 순간 타인의 눈을 의식하는 법을 배워 가고 있으리라.

내가 세상의 중심이고, 오직 나만 알았던 어린 시절엔 꿈에도 몰랐던 타인의 시선. 딸이 코를 파다 놀란 것처럼 우리 모두 그런 시간을 거치며 조금씩 배웠다. 그 과정에서 배변 문제처럼 자연스러운 일조차 부끄럽게 여기기도 했다.

방귀만 해도 그렇다. 어릴 적엔 방귀를 안 뀌려고 하늘이 노래지게 애쓰지만 어른이 되면 자연스럽게 받아들인다. 소리 내지 않고 방귀 뀌는 기술, 뀌고도 아무렇지 않은 척하는 능글맞음, 누군가 실수로 방귀를 뀌었을 때 못 들은 척해 주는 배려도 결국 "누구나 방귀를 뀐다"라는 사실을 깨닫고 나서야 가능해진다. 그러고 보면 나만 특별하지 않다는 것, 조금 못나고 실수해도 다들 그렇게 산다는 것을 깨닫게 되는 게 나쁘지만은 않다.

그래서 교실에서 누군가 방귀를 뀌거나 토하면 재빨리 말한다.
"선생님도 오늘 아침에 방귀 뀌었어!"
"선생님도 토한 적 있어. 토하면 힘든데~"

나에게만 있는 일이 아니라는 것, 다른 사람도 그렇다는 것. 누구나 그럴 수 있다는 것. 그걸 알면 한결 편안해진다. 어릴 적엔 숨기느라 애썼던 일들도 시간이 지나면서 자연스러워진다. 남들 앞에서 절대 하면 안 된다고 생각했던 것들도 사실은 모두가 겪는 일이라는 걸 깨닫게 된다. 완벽한 척 애쓰는 대신, 실수도 경험도 담담히 받아들이는 것이 훨씬 편하다는 걸 알게 된다. 그렇게 우리는 성장한다. 타인의 시선을 의식하며 더 나아지려 노력하지만, 동시에 나 자신을 너무 몰아붙이지 않는 법도 배운다. 그렇게 나와 타인을 포용하는 여유를 배워간다.

어른도 똑같아

새해는 1월 1일에 오지만, 내 새해는 늘 3월에 찾아왔다. 선생님이 되고 보니 새해가 되었더라도 2월까지는 작년 반 아이들을 그대로 데리고 있기 때문이다. 1월을 맞이해 지인들과 새해 덕담을 주고받아도 '두둥! 새해다!' 싶은 마음은 3월, 새로운 교실에서 새로운 아이들을 만나고서야 생기곤 했다. 선생님이 된 연유로 어릴 적 새 학기를 맞이할 때의 감각을 매년 떠올리는 셈이다. 특히 새 학급에 맞추어 담임 일지를 편집하고 제본할 때는 꼭 어릴 적 문구점에서 새 학용품을 사던 마음을 곱씹게 된다.

어릴 적 새 학기는 문구점에 가는 당당한 티켓 같았다. 집 앞 문구점에는 항상 못 보던 연필, 자, 지우개 등 예쁘고 욕심나는 문구용품들이 가득했다. 그중에서도 나는 특히 공책에 진심이었다. 종이의 질감, 칸의 넓이, 공책의 두께 등을 고려하며 문구점 안 모든 공책을 하나도 빠짐없이 살피고 후보를 추리는 방식으로 고르고 또 골랐다. 마침내 선택한 공책은 집에 가서 여러 번 펼쳤다 덮기를 반복하며 사각사각한 종이를 쓸어 보고 종이 냄새도 맡았다. 공들여 골랐기에 볼 때마다 새롭게 설레고 흐뭇했다. 공책을 고르고 나면 스티커 코너에도 한참 머물렀다. 알록달록한 스티커를 붙이면 공부도 더 잘될 것 같았다. 그렇게 유난한 정성으로 새 학기 준비를 마치면 슬며시 다짐하는 거다.

'올해는 꼭 예습, 복습해야지!'

새로운 목표를 품은 것만으로 이미 내가 무언가 된 양 마음이 부풀곤 했다. 물론 긴 시간을 들여 선택한 공책의 절반도 채 쓰지 못했던 게 한두 번이 아니었지만.

매일 걷던 등굣길도 3월 첫날만큼은 조금 특별하게 느껴졌다. 바람 속엔 아직 찬 기운이 남아 있었지만, 그날만큼은 따스한 햇살이 땅 위로 더 길게 내려앉는 것 같았다. 그래서인지 미세하게 떨리는 발끝만큼이나 내 마음도 덩달아 설렜다.

'올해 담임선생님은 어떤 분이실까?'

'친구들과 잘 지낼 수 있을까?'

친한 친구와 같은 반이 된 때는 초강력 아이템을 장착한 것 같았고, 그다지 친하지 않은 친구와 같은 반이 된 때는 준비가 덜 된 것 같이 허전했다. 교실에 도착하면 내 자리부터 찾아보곤 했다. 나는 '장씨'라서 주로 가운데 번호였기에 앞도 뒤도 아닌 가운데 즈음이 내 자리인 경우가 많았다. 책상 위에 놓인 이름표를 보며 떨리는 마음으로 긴장하곤 했다.

'여기서 어떤 일들이 생길까?'

칠판에는 '새로운 시작! 함께 만들어 가는 3학년 5반'과 같은 문구가 큼직하게 쓰여 있었다. 선생님은 부드러운 미소로 "우리 올해 즐겁게 지내 보자!" 했지만 내 긴장한 얼굴에 힘이 빠지는 데는 늘 시간이 필요했다. 어떤 아이는 첫날부터 큰 목소리로 발표도 하고 언제 사귀었는지 쉬는 시간이면 몇몇이 모여 떠들기도 했지만, 나는 대부분 조용히 주변을 살피는 아이였다. 특히 첫날, 첫 주는 더욱 기민하게 신경세포를 곤두세우며 탐색했다.

새롭게 시작할 때의 긴장감은 어른이 되어서도 비슷했다. 처음 학교로 출근한 날도 그랬다. 학교 방송실에서 "어린이 여러분, 안녕하세요. ○○초등학교에 새로 온 귀덕 선생님입니다"라고 한마디만 하면 되는데, 눈앞의 교감 선생님이나 방송부원들뿐 아니라 보이지도 않는 교실 안 아이들과 동료 선생님들까지 떠올리면 나의 온갖 촉수가 곤두서는 기분이었다.

그 순간, 친구들 앞에 서서 자기소개를 할 때 가슴이 터질 것 같던 어린 내가 떠올랐다. '뭐야, 똑같잖아.' 어른이 되면 떨리지 않을 거라 생각했는데, 그때도 지금도 나는 새로운 환경에 놓일 때면 과하게 곤두서서 뚝딱거리는 나무 인형처럼 굳곤 한다.

다만 달라진 점이 있다면 어릴 때는 내 긴장이 커서 다른 친구도 똑같이 긴장했다는 걸 눈치채지 못했다는 것이다. 하지만 선생님으로 매년 새 학기를 맞이하다 보니 알게 되었다. 새로운 환경에서는 정도의 차이가 있을 뿐, 한 명도 빠짐없이 모두가 긴장하고 있다는 걸. 누군가는 낯설고 긴장이 되어 조용히 있는 데 반해서 누군가는 똑같이 긴장해도 오히려 말을 더 많이 한다는 걸.

새 학기 첫날, 담임선생님인 나는 교실 문을 열고 들어섰다. 교실 안에는 아직 어색한 공기가 감돌았다. 대부분은 조용히 앉아 서로를 탐색하거나 낯설게 교과서를 넘기고 있었지만 건우만은 달랐다.

"와~ 우리 반 좋은데요, 선생님도 완전 예쁘고!"

아이들이 웅성거리며 그를 쳐다봤다. 그는 의자에 삐딱하게 앉더니 책상을 손가락으로 툭툭 치며 장난스러운 표정을 지었다.

"야, 이것 봐. 나 자리 대박 좋음! 창가 3열, 여기 명당이거든?"

아이 몇 명이 따라 웃었지만 대부분은 어색하게 시선을 돌렸다. 나는 건우를 바라보며 속으로 피식 웃었다. 학창 시절에도 이런 아이들이 있었다. 교실을 제집 안방처럼 휘저으며 아무렇지 않은 듯 행동하는 아이. 나는 그때마다 '저렇게 당당한 애는 아무 데서나 잘 적응하겠지'라고 생각했다.

그런데 교사 생활을 하면서 깨달았다. 저런 아이일수록 사실은 누구보다 긴장하고 있다는 걸. 일부러 더 큰 목소리를 내고 과한 행동을 하는 건 자신이 낯선 환경 속에서 불안하다는 걸 감추려는 방어 기제였다.

나는 살짝 미소 지으며 말했다.

"그래? 자리가 마음에 드나 보네. 근데 목소리도 크고, 행동도 시원시원한 거 보니까…… 긴장 많이 했구나?"

그 말에 건우가 움찔했다. 순간 장난기 어린 표정이 사라지더니 "아, 아니거든요?"라며 시선을 피했다. 다른 아이들이 소리 내 웃었고 그제야 교실 분위기가 한층 부드러워졌다. 나는 조용히 생각했다.

'그래. 나도 그때는 몰랐지. 저렇게 웃고 떠드는 아이가 사실은 가장 떨고 있을 수 있다는 걸.'

그렇게 긴장하던 아이들은 단지 시간 기차에 올랐다는 이유로 어른이 되었다. 어린 시절에도, 지금도, 새로운 환경 앞에서 여전히 두근거리고 긴장한다. 어른이라고 해서 다르지 않다. 똑같다.

하지만 낯섦은 점차 익숙함이 되고, 서먹함은 따뜻한 일상이 된다. 그렇게 새로운 환경에 적응하며 살아간다. 그때도, 지금도, 그리고 앞으로도.

2부

투명한 눈빛이 건넨 말

나는 너의 응급차, 나는 너의 번개맨

"어머, 다친 거야?"

상윤이가 절뚝이며 교실로 들어오자 아이들이 벌떼처럼 몰려들었다.

"괜찮아?"

"넘어졌어?"

목소리가 엉켜 떠들썩했고, 누군가는 이미 자리를 박차고 나왔다.

"제가 보건실 데려갈게요!"

그렇게 응급차 놀이가 시작됐다. 우리 반에서 '응급차'는 다친 친구를 도와 보건실까지 함께 가 주는 역할이다. 상윤이와 함께 나선 민학이는 환자를 데려가며 듬직한 표정을 지었고, 교실에 남은 아이들은 하나같이 아쉬워했다.

"다음엔 내가 응급차 할래!"

좁은 공간에 많은 아이가 생활하다 보면 종이에 손가락을 베이는 일부터 크게 다쳐 병원에 가는 일까지 크고 작은 사고들이 생긴다. 그때마다 모른 척하는 아이는 한 명도 없다. 되레 자신이 다친 것처럼 호들갑이다. 대다수는 기다렸다는 듯 응급차를 하겠다고 머리를 한껏 올려 내민다. 두더지 게임의 두더지같이. 아마 수업 시간에 교실 밖 보건실로 가는 길이 신나는 탐험 같은 데다가, 친구에게 도움이 되고 싶은 예쁜 마음 때문이리라.

응급차의 또 다른 이름은 '번개맨'이다. 도움이 필요한 곳이라면 누구보다 빠르게 현장에 나타나는 슈퍼 히어로이기 때문이다. 교실에서는 번개맨 아닌 아이를 찾아보기 힘들다. 몸이 가벼운 아이는 몸째 저만치 가 있고, 무거운 아이는 고개라도 향해 있으니 마음이 가지 않은 아이는 한 명도 없다. 만약 누군가 색연필을 쏟았다면? 전체 스물다섯 명 중 열 명은 이미 엉덩이를 뗐고, 열 명은 스탠바이 상태로 고개를 돌린다.

이때 내가 "색연필도 주워 주고 고맙네"라고 반응한다면? 엉덩이 떼는 친구들은 순식간에 스무 명으로 늘어날 거다. 예쁜 마음이지만 발언에 신중해야 하는 이유다. 그 때문에 수업 중 도와줄 수 있는 사람은 앞뒤 옆자리 친구뿐이라는 한계도 정해 준다.

아이들은 돕고 싶은 마음이 충만하다. 문제는 능력! 1학년 교실에서는 뚜껑을 잘 따면 제대로 번개맨을 할 수 있다. 급식에 나오는 음료가 비틀어 따는 뚜껑인 경우 아이들 대부분이 못 따기 때문이다. 아이들은 식판을 내려놓자마자 음료부터 열어 보고 싶다. 음료의 색깔, 냄새가 너무 궁금한 거다. 그러면 고지식한 아이가 꼭 한마디 한다.

"음료는 밥 다 먹고 먹는 거야."

어떤 아이는 내게 와서 알린다.

"선생님, 지안이가 음료부터 열었어요."

하지만 내가 "그랬구나, 열어 보고 싶었나 보다" 하면 본인도 자리에 가 슬며시 열어 본다. 투명하게 들여다보이는 속내가 사랑스럽다. 그렇게 시작한 뚜껑 열기는 대부분 실패로 끝나고 결국에 한 명 두 명 내게 가지고 온다.

"선생님, 뚜껑 열어 주세요."

이때, 바로 열어 주면 열 명이 넘게 몰려들 테고, 상당수는 음료부터 먹느라 밥을 적게 먹을지 모른다.

"선생님 밥 다 먹고 열어 줘도 되지?"

그러면 고맙게도 엉덩이 떼려고 준비 중인 아이들에게까지 알려 준다.

"선생님이 밥 다 먹고 열어 준대!"

재잘이들의 식사는 그렇게 시작되는 것 같지만 안심하면 오산이다. 반에 한두 명은 반드시 음료부터 먹는 아이들이 있다. 이들은 스스로 뚜껑을 따서 먹었다는 것이 못내 자랑스럽다. 그리고 무슨 맛인지 알려 주지 않고는 못 배긴다.

"오! 진짜 맛있어!"

몇 명이 또 대답한다.

"좋겠다. 무슨 맛이야?"

"내 것도 따 주면 안 돼?"

그 순간! 한마디만 하면 된다.

"우리 밥 다 먹고 지안이랑 선생님이 뚜껑 따는 거 도와주자!"

서둘러 밥을 먹고 아이들이 몰려오기 전에 돌아다니며 음료 뚜껑을 따 준다. 그러고 있자면 몇 명이 꼭 와서 말을 한다.

"선생님, 제가 민지랑 서연이 따 줬어요!"

"선생님, 저도 재민이 꺼 따 줬어요."

"아이고, 선생님 손이 슬슬 아팠는데 고마워!"

그들을 찐으로 신나게 하고 또 자랑스러워 하는 뚜껑 따기!

가끔은 돕는다는 게 저렇게 신나는 일이었나 싶어 그 모습이 부럽다. 어릴 적엔 나도 번개맨이나 슈퍼맨처럼 되고 싶었는데 이상하게 능력치가 올라간 지금은 오히려 멈칫한다. '괜히 나섰다가 민폐만 되는 건 아닐까?' 도움이 되지 않을까 망설이고, '잘난 척 웬 오지랖?' 상대가 원하지 않을까 주저한다. 그 사이에서 커다란 몸은 무겁기만 하다.

아이들은 멈칫할 새 없이 몸이 먼저 나간다. 돕는다는 행동 자체에서 기쁨을 느끼고 도움받은 친구는 얼마나 도움받았는지와 별개로 고마운 마음을 갖는다. 번개맨 주변에는 진심을 주고받는 친구가 생기고 도움받은 친구는 릴레이처럼 또 다른 친구를 돕는다. 더불어 반 분위기도 따뜻해진다. 그런 아이들을 보노라면 나 역시 경계가 풀어지며 누군가를 돕고 싶은 어른이 된다.

목소리가 작은 친구

트라우마를 남길 만큼 커다란 사건 사고를 겪은 건 아닐까? 5학년 은호를 보면 걱정스러운 상상이 되곤 했다. 몇 주가 지나도록 도무지 목소리를 들을 수 없었기 때문이다. 발표를 하지 않는 건 당연하고, 돌아가며 국어책을 읽는 시간에도 입은 벙긋거리지만 소리는 전혀 들리지 않았다.

"조금만 크게 소리 내 볼까?"

혹시 상처받을까 조심스러워 더욱 친절하게 말하곤 했다. 그러면 미세하게 커지긴 했지만 여전히 들을 수 없었다. 흡사 붕어처럼, 조금 안 들리는 것이 아니라 아예 안 들리는 상황이기 때문에 모든 아이들이 의문을 가지고 은호를 쳐다보았다.

"은호는 원래 목소리가 안 나와요."

작년 같은 반이었던 친구가 말해 주었다. 혹시 발성이 어려운 걸까? 여러 상상의 나래를 펼치다가 은호 어머니께 전화드렸다.

"안녕하세요, 은호 담임입니다. 다름이 아니라 은호에 대해 제가 혹시 알고 있어야 할 것이 있을까 싶어 전화드렸습니다."

은호 어머니는 익숙하다는 듯 살며시 웃었는데 여유 있는 웃음에 안도감이 들었다.

"은호 목소리가 많이 작아요. 작년 교실에서도 말을 거의 안 한다고 하시더라고요. 특별한 일은 없는데 그러네요."

"집에서는 말을 잘하나요?"

"많지는 않아도 곧잘 대화하는 편이에요."

"집에서 대화를 잘한다면 학교에서도 작은 단위 소통부터 늘려 나갈 수 있을 거예요. 1년 동안 우리 은호 목소리 들을 수 있게 노력해 볼게요."

은호는 이제껏 만난 어떤 아이보다도 가장 내성적인 아이였다. 내성적이라는 것은 내 생각을 겉으로 터놓지 않고 혼자

서만 생각하는 경향이 있음을 뜻한다. 내성적인 성격의 끝판왕, 은호. 그는 다른 친구에게 먼저 다가가는 법도 없었고 쉬는 시간이면 혼자 가만히 앉아 있곤 했다. 그런데 지켜보고 있자니 은호 이 녀석, 언제나 다음 시간 공부할 책을 미리 펼쳐 두는 등 가지런한 모습이 묘하게 매력 있었다.

그렇다면 친구들은 어떤 시선으로 보고 있을까? 일단 주변에 은호를 얕보거나 건드리는 아이는 없어 보였다. 모두 긴장하고 조심하는 학기 초였으니 섣불리 나서지 않고 조금 더 지켜보기로 했다.

어느덧 4월이 되어 '1인 1역'을 정했다. 1인 1역은 방과 후에 남아서 하는 교실 청소 대신 모두가 매일 맡은 구역과 자기 자리를 청소하는 시스템이다. 쉬는 시간이나 점심시간을 이용해 각자 시간이 날 때 완수하고 하교 전까지 1인 1역 표에 체크하면 된다.

은호의 1인 1역은 '쉼터 쓸고 닦기'였다. 쉼터는 교실에 마련된 한 평 남짓한 공간인데 아이들은 주로 이곳에서 보드게임을 한다. 쉬는 시간과 점심시간에는 많은 아이가 드나들기 때문에 이곳을 청소할 수 있는 시간은 5교시 예비 종이 친 직후다. 그래서 예비 종이 치면 모두 자리에 앉아 5교시 수업을 준비해야 하지만 은호만 예외적으로 일어나 청소할 수 있다. 미리 준비한 빗자루로 꼼꼼하게 쓸고, 바닥을 물티슈로 닦은 후 1인 1역 표에 완료를 표시한다. 놀다가도 자리에 앉아 5교시 수업을 준비하던 아이들의 눈은 쉼터에 나와 청소하는 은호를 따라 움직인다. 그러다 청소를 마친 은호가 1인 1역을 표시하는 걸 보고 생각하는 거다.

'아! 나 1인 1역 안 했다!'

덕분에 아이들은 잠시 잊고 있었던 1인 1역을 떠올리고 쉬는 시간에 맡은 일을 한다. 그렇게 아이들 마음속에 은호의 성실함이 각인됐다. 은호는 쉼터 청소를 빼먹는 날이 단 하루도 없었다. 아니, 빼먹기는커녕 매일매일 무척 깨끗하게 청소했다.

"이야~ 쉼터 맡은 사람 누구야? 엄청 깨끗한데?"
"쉼터 청소는 안 되어 있는 날이 없네!"

은호는 조용히 자신만의 방식으로 친구들에게 성실한 아이라는 인정을 받고 있었다. 2학기가 되어서도 여전히 목소리는 작았지만 누구도 은호를 무시하지 않았다. 오히려 은호가 발표할 때면 도와주기라도 하듯 모두가 조용히 귀를 기울였다.

"얘들아, 은호가 발표하려고 하면 우리 반 모두 엄청 조용해지는 거 알아? 앞으로는 너무 시끄럽다는 생각이 들면 은호를 발표시켜야겠어."

실제로 아이들이 시끄러울 땐 종종 은호에게 발표를 요청했다. 그러면 아이들은 비밀 신호인 듯 조용해졌다. 그의 작은 목소리가 '그럴 수도 있지' 하고 인정받을 수 있었던 데에는 책임감 넘치는 은호의 성실함이 크게 작용했다.

더불어 교실 분위기도 훈훈해졌다. 어쩌면 은호의 내성적인 성격은 우리 반을 하나로 뭉치게 하는 특별한 구심점이 되었는지도 모르겠다.

1년이 지나는 동안 은호는 특별히 친하게 지내는 친구 몇 명이 생겼고, 활발히 활동하지는 않아도 누구보다 즐겁게 다음 학년으로 올라갔다. 마지막 날까지 쉼터가 반짝반짝했음은 물론이다. 그렇구나, 목소리가 작아도 저렇게 큰 존재감을 남길 수 있구나. 난 그걸 은호를 보고 깨달았다.

그렇게 말하면 몰라

"선생님, 저 지운이 엄마예요."

"네, 무슨 일이세요?"

"시우가 지운이 실내화를 벗겨서 숨겨 둔대요. 싫은데 자꾸 한다고요."

쉬는 시간 여자아이들 여럿이 실내화를 숨기고 또 찾고 하던 것이 생각났다. 노는 걸로 생각했는데 지운이는 아니었나 보다. 알아차리지 못한 것이 미안했다.

다음 날 쉬는 시간, 아니나 다를까 시우가 지운이에게 다가갔다. 실내화를 벗기려는 듯 두 손을 아래로 향하는 시우를 보면서 지운이가 말했다.

"하지 마~ 하지 마~"

그런데…… 지운이는 웃으며 말하고 있었다. 도저히 싫어하는 것으로 보이지 않았다. 시우 입장에서는 지운이와 함께 놀고 있다 여길 것이다. 이쪽에서 아이들을 불렀다.

"선생님이 왜 불렀을까?"

지운이는 알고 있는 표정이었고, 시우는 어리둥절했다.

"시우가 지운이 실내화를 숨기며 노는 것 같더라. 맞아?"

시우는 새로운 놀이를 설명할 기회라고 생각해 신나게 대답했다.

"네, 실내화 숨기기 놀이예요."

"그래, 요 며칠 하는 거 같더라. 그런데 지운이는 어때? 재미있니?"

"……."

"솔직하게 말해도 돼. 말하지 않으면 상대방은 내 마음을 알 수 없어."

"저는 싫어요……."

"지금 시우에게 말해 볼까? 시우가 지운이 마음을 알면 더 안 할 것 같은데."

조금의 기다림 끝에 지운이는 작은 목소리로 땅을 쳐다보며 말했다.

"나는 싫어……."

"시우야, 지운이는 실내화 숨기는 거 싫대. 어떡하면 좋을까?"

"몰랐어요. 이제 안 할게요."

시우를 먼저 돌려보내고 지운이와 더 이야기했다.

"지운아, 표정도 내 말을 전달하는 방법이야. 그리고 하지 말라고 말할 때는 정색하면서 단호하게 말해야 해. 자, 따라해 봐. 하.지.마!"

"하지 마아……."

"아까보다 낫다. 이번엔 끝을 끌지 말고 딱 끝맺어 보자. 하지 마!!!"

"하지, 마!"

"그래그래! 이렇게 말하면 상대방이 지운이 마음을 훨씬 잘 알 수 있어. 지운이가 실내화 놀이를 싫어하는 걸 시우뿐 아니라 선생님도 눈치채지 못했어. 먼저 알아채지 못해서 미안해. 선생님도 노력할 테니 지운이도 더 표현해 줘!"

"네!"

생각보다 아이들은 표현에 서툴다. 집에서 말 잘하는 아이도 밖에서는 서툰 경우가 많다. 친구가 싫어할까 봐 눈치를 보는 거다. 사실 의사를 분명히 전달하는 것은 어른이 되어서도 쉽지 않다. 상대의 기분과 여러 상황을 생각해서 어물쩍하는데, 그러다 보면 끌려다니기도 한다.

또 말은 했지만 상대방은 듣지 못하는 오해도 생긴다. 한번은 유치원에서 돌아온 아이가 억울하다는 듯 말했다.
"내가 미안하다고 했는데 선생님이 다시 말하랬어."
뻔하다. 백 퍼센트 속으로 말했거나, 마스크 안에서 웅얼웅얼 말했거나, 뒤통수에 대고 말했거나, 바닥을 보고 말한 경우다.
"엄마도 어릴 때 그런 적 있어! 분명 말했는데 자꾸 또 말하라는 거야. 엄청 억울했는데 생각해 보니 뒤통수에다 말했더라고."
아이는 크게 웃었다.
표현은 내 입 밖으로 나간 것만 아니라 상대방 귀에 들어간 것까지다. 그러니 말했다는 아이도 맞고 듣지 못했다는 아이도 맞다.

지운이는 엄마가 대신 말해 줬다면 나는 친구가 대신 말해 줬던 적이 있다. 중학교 1학년 때, 당시는 교복을 작게 입는 것이 유행이었다. 나는 체구가 작은 편이라 교복 크기가 작았고 몇몇 아이들이 내 재킷을 입고 싶어 했다. 말로는 빌려 달라고 하지만 위압적인 기분을 느끼며 난처한 상황이었는데 친구 진아가 다가왔다.

"교복을 어떻게 빌려 줘? 그럼 얘는 뭐 입고 다니냐? 귀덕아, 가자!"

구세주 같은 친구 말에 곤혹스러운 상황에서 벗어날 수 있었고 그 뒤로 재킷 빌려 달라는 말을 다시 듣지 않았다. 내가 해야 할 말을 친구가 대신해 줬으니 그 찌질함을 인정하기 싫어 아무 일 아닌 듯 넘어갔지만 두고두고 고마웠다.

그러다 얼마 전, 문득 이 일이 떠올라 진아에게 물었다.

"나 그때 네가 정말 멋있고 고마웠어. 난 솔직히 무서웠거든. 넌 기억 못 하지?"

"기억 못 하긴! 나도 엄청 무서웠어!"

워낙 당당하게 할 말은 하는 친구라 이런 일은 비일비재할 테니 기억 못 하겠지 생각했는데 뒤통수를 맞은 기분이었다. 정말 몰랐다. 당당하게 말 잘하는 것처럼 보이는 사람에게도 쉬운 일은 아니었구나.

어른이 된 지금도 나는 여전히 눈치를 보며 우물쭈물하게 되는 상황에 부딪힌다. 어릴 때는 엄마가, 친구가 대신 말해 줬다면 이제는 내가 말해야 한다. 아직도 서툴어서 입이 떨어지지 않을 때마다 지운이에게 했던 말을 다시 떠올린다.

"정색하면서 단호하게 말해야 해. 자, 따라해 봐. 하.지.마!"

모두가 좋아하는 친구가 되는 법

1학년 교실이 환호성으로 가득 찼다. 글씨왕을 뽑는 날이었다. 국어 교과서에 글씨를 쓰면 누구 것인지 알 수 없도록 실물화상기를 이용해 모두 함께 보고 글씨왕을 뽑았다. 토너먼트로 마지막까지 살아남은 글씨왕을 발표하면 아이들은 대부분 내가 아니라는 사실에 아쉬움을 토로하곤 했다.

"아이, 내 거 아니네."

"이번엔 진짜 잘 썼는데에에에~"

그런데 그날만은 달랐다. 승우가 글씨왕으로 뽑히는 순간, 아이들은 그의 이름을 연호하며 기쁨을 나눴다.

"우와!!!!! 김승우! 김승우!"

열띤 축하를 받으며 앞으로 나온 승우는 참 행복해 보였다. 승우는 모두가 좋아하는 아이, 요즘 말로 '인싸'다.

"얘들아, 모두가 함께 기뻐하는 모습이 보기 좋다. 우리 승우의 어떤 점이 좋은지 한번 얘기해 볼까?"
"승우가 지우개를 양보해 줬어요."
"승우는 알까기를 잘해요."
"승우는 글씨도 잘 써요."
"맞아, 그런데 승우가 모든 친구에게 지우개를 양보한 건 아니지. 또 알까기를 함께 하는 친구는 주로 남자고, 글씨왕은 다른 친구들이 더 많이 됐잖아. 너희가 승우를 좋아하는 이유는 사실 다른 데 있어."

순간 모든 아이의 시선을 느꼈다. 이렇게 초롱초롱한 눈빛을 보내다니! 아이들은 모두 인기 많은 친구가 되고 싶다. 자기중심적인 1학년조차 친구의 인정을 받고 싶다.
나 역시 아이들을 지도하다 보면 내 자식이면 좋겠다 싶을 만큼 참 괜찮은 아이들을 만난다. 이름이라도 기억했다가 나중에 따라 지어야 싶을 만큼 탐이 났었다. 아이를 낳은 뒤에도 저 아이처럼 크면 좋겠다는 생각에 유심히 관찰하기도 했다. 그런 아이들은 주변 친구들도 인정한다. 승우처럼.

"승우는 우선 인사를 잘해. 아침에 승우가 인사하는 소리를 들으면 선생님도 기분이 좋아지더라. 그리고 지난번 전래놀이 때 혜지가 버벅거리니까 승우가 응원해 준 거 기억나지? 승우는 친구 마음을 잘 헤아려 줘! 그래서 너희가 좋아하는 거야."

특별하지 않다. 아주 기본적인 것들이다. 그래서 "에이~ 별 거 아니네" 하는 아이도 있지만 대부분은 고개를 끄덕이며 수긍했다.

정말로 승우는 아침마다 밝게 인사했다.
"선생님, 안녕하세요!"
그의 인사는 하루를 기분 좋게 시작하게 했다. 모둠별 게임을 할 때도 같은 팀 선수로 나선 혜지가 주저하자 "혜지야! 못해도 괜찮아! 힘내!"라고 외쳤다. 그러자 같은 모둠원들도 혜지를 응원하기 시작했다. 발표를 힘들어하는 친구 옆에서는 "정말 잘했어!" 하고 속삭이기도 했다. 승우의 이런 태도는 친구들의 마음을 녹이고 주변을 환하게 만들었다. 공부 잘하는 데 지름길이 없듯, 사람 마음을 얻는 데도 치트키는 없다.

승우를 보니 내가 초등학생 때 모두가 좋아하던 아이가 떠올랐다. 이름은 김현수. 그 아이와 짝꿍이 돼서 정말 기뻤던 기억이 있다.

어느 날 과학 시간, 책상 가운데 가림판을 올리고 시험을 보는데 도저히 모르겠는 문제가 있었다. 답을 맞추고 싶은 욕심에 그만 현수 시험지를 슬쩍 훔쳐보았는데, 이를 눈치챈 현수는 시험지를 슬쩍 당겨서 내가 잘 볼 수 있도록 해 주었다. 잘못된 행동을 한 나를 공개적으로 타박하지도 않고 슬며시 배려해 준 점이 한없이 고마웠다.

그러다 대학생 때 우연히 소개팅 제의를 받았다.

"너랑 같은 초등학교 나왔던데 혹시 아는 아이야?"

프로필을 받고 정말 놀랐다. 바로 그때 그 현수였다. 내가 기억하는 현수는 잘생기고 공부도 운동도 잘하는, 그래서 특별하고 누구에게나 사랑받는 아이였다. 그런데 사진을 보니 내 기억과 많이 달랐다. 곰곰이 생각해 보니 정말 공부를 잘했는지도 분명히 생각나지 않았다.

다만 저 시험 시간만은 또렷이 기억난다. 내가 그 친구를 좋게 기억하는 건 내게 보인 태도 때문이다. 그는 내 곤란함을 이해하고 시험지를 흔쾌히 보여 줄 만큼 인정이 많았고, 모두

와 좋은 관계를 맺을 만큼 성격이 좋았다. 객관적으로 성적이 뛰어나고 잘생긴 것이 아니라 친구 마음을 알아주는 태도가 그 아이를 공부 잘하고 얼굴도 잘생긴 아이로 보이게 한 것이다.

흔히들 인기 많은 친구는 공부 잘하는 아이, 예쁜 아이, 운동 잘하는 아이라고 생각한다. 그래서 공부를 잘하려고, 예쁜 옷을 입으려고, 축구왕이 되려고 애를 쓴다. 하지만 공부만 잘하면 재수 없다. 예쁘기만 하면 질투한다. 운동만 잘한다면 시샘한다. 어른이 되어도 마찬가지다.

어른이 되면 온갖 인간관계에 치이면서 관계를 잘 맺는 법은 뭘까 고민하게 된다. 호감형인 사람을 보면 꼭 게임 속 아이템을 지닌 것처럼 유리하게 관계를 이끄는 것 같아 부러울 때도 있다. 또 이것저것 재면서 저 사람을 내 편으로 만들고 싶다는 생각도 하게 된다.

하지만 생각해 보면 기본이 전부였다. 밝게 인사하기, 상대방을 배려하기, 긍정적으로 말하기. 자꾸만 꼼수를 쓰고 싶을 때마다 나는 현수를 떠올린다. 그것만으로도 따뜻한 관계를 맺을 수 있다고 믿으면서.

점심시간은 즐거운 시간

나는 어릴 적 편식이 심하고 빼빼 마른 아이였다.

"2학년이 20킬로그램은 넘어야지!"

2학년 때 19킬로그램이라고 어찌나 타박을 들었는지 아직도 그때 몸무게를 기억한다. 하지만 어떤 말도 소용없었다. 영양분 섭취가 목적이라면 식사 대신 알약 하나가 있으면 좋겠다고 생각했을 정도로 음식에 흥미가 없었다.

그러니 학교 점심시간이 좋았을 리 없다. 어느 정도였냐면 먹기 싫은 음식을 슬쩍 숟가락으로 떠서 책상 서랍과 책가방 앞주머니에 숨겼던 기억이 있다. 옆 친구가 보고 선생님께 이르면 안 되니 무척 정교하고 긴박한 작업이었다. 또 싫어하는 음식을 입안에 물고 화장실로 가 뱉기도 했다. 이때도 한 번에 많이 버릴 수 있도록 음식을 최대한 모아서 넣어야 했는데, 그 과정이 구역질 나게 비위 상했다. 중학생 때까지도 돼지고기, 참외 등 상당수의 음식을 싫어했다. 왜 그렇게 싫었는지 물어본다면, 잘 모르겠다. 돼지고기는 특유의 냄새가 싫었던 것 같다. 참외는 속이 훑어지는 기분이었다. 시금치는 질겼다. 생선은 날 쳐다보고 있어서 먹을 수 없었다……. 참 가지각색의 이유가 있었고 당시에는 도저히 먹을 수 없는 타당한 이유였다.

이렇듯 한때 유별난 편식쟁이였던 터라 선생님이 되어서도 편식하는 아이가 남 같지 않았다. 어떤 마음인지 이해가 되는 거다. 물론 잘 먹는 아이들이 예쁘다. 먹고 또 달라고 하는 아이는 더 예쁘다. 싹 긁어 먹고 볼록한 배를 내미는 아이도 미치게 사랑스럽다. 하지만 매번 남기는 아이, 먹기 전부터 주눅 들어 있는 아이는 어린 내가 떠올라 묘하게 마음 쓰였다.

"저희 애는 편식이 심해요. 억지로라도 다 먹을 수 있게 지도해 주세요."

10년 전만 해도 골고루 먹게 해 달라는 요청이 많았다. 학교에서라도 다 같이 먹는 분위기에 휩쓸려서 혹은 선생님 입

김으로 더 많이 먹었으면 하는 바람이다.

학교에서는 아이들이 골고루 많이 먹을 수 있도록 음식을 남기지 않고 다 먹는 '지구 지킴이' 제도를 운영하기도 하고, 음식의 소중함을 알도록 먹을 것이 없어 배고파 하는 친구들을 언급하기도 한다. 그러다 고학년이 되면 급식을 다 먹어야 빨리 놀 수 있는 시스템을 만든다. 음식을 남기면 식판을 늦게 치우도록 해 그만큼 노는 시간이 줄어들게 하는 것이다. 하지만 어떻게 하든 안 먹는 아이는 흡족하게 먹는 일이 드물다.

"선생님도 어릴 적 편식이 심했어. 그래서 지금도 감기에 잘 걸려. 건강한 어른이 되려면 조금 더 먹어 보렴."

그런데 재미있게도 요즘에는 반대 연락도 많이 받는다.

"선생님, 아이가 급식 먹는 걸 힘들어해요. 집에서 신경 쓸 테니 남겨도 이해해 주세요."

다 먹어야 한다고 힘주어 말하지 않아도 부담과 스트레스를 느끼는 친구들이 있기 때문이다.

"어머~ 현이 다 먹고 또 먹는 거야? 멋지다!"

"시금치 못 먹는 친구도 많은데 지아는 골고루 먹는구나!"

"주원아, 식판에 음식 있었던 거 맞아? 다 어디로 갔대?"

듣지 않는 것 같아도 이런 선생님 반응과 칭찬을 지켜보고 있기 때문이다. 그래서 무언의 압박을 느낀다.

게다가 점심시간은 수업과 또 다른 군상이다.

식판을 엎는 아이, 가만히 앉아 음식을 뒤집어쓰는 아이, 물을 엎지르는 아이, 배가 아픈 아이, 먹다 토하는 아이, 급식 한 숟갈을 먹으면 꼭 모닝 똥을 싸러 가는 아이, 큰소리로 음식 평을 하며 먹는 아이 등 백색 찬란하다 못해 정신이 하나도 없다. 요즘엔 음식 알레르기 있는 친구도 많아 재료를 확인해야 하는 긴장되는 시간이기도 하다. 그래서 점심시간에는 신경이 곤두설 때가 많은데 어느 날, 진영이가 치킨 데리야키를 들고 혼잣말하는 것을 보았다.

"너는 닭이었니, 돼지였니?"

아! 이런 질문을 던지는 어린이라니! 얼마나 평화로운가. 마치 영화 속 주인공처럼 슬로우 모션으로 눈에 확 들어왔다. 긴장감이 순식간에 사라지며 "픔!" 하고 웃음이 나왔다. 그러고 보니 진영이는 종종 내게 와서 물어보곤 했다.

"선생님, 이거 뭐예요?"

"선생님, 이 생선 안에 가시가 있게요, 없게요?"

"선생님, 이거 무슨 맛이에요?"

진영이는 음식을 남기기도 하고, 다 먹을 때도 있는 평범한 아이였지만 무엇보다 음식에 대해 궁금한 것이 많았다. 조심스레 먹어 보고 "웩!" 하며 안 먹을 때도 있지만 대부분 호기심 가득 음식을 바라봤다. 다 먹지 않아도 즐기는 아이. 음식에 대한 진영이의 긍정성은 주변까지 행복하게 만들었다.

그런 진영이를 보며 깨달았다. 내가 급식 지도에 매몰되어 아이들과 함께 음식을 즐기지 못했구나. 싫어하는 음식이 있더라도, 또 다 먹지 못하더라도 점심시간은 즐거운 시간이라는 것. 내가 아이들에게 알려 줘야 하는 건 그것이었다.

사실 편식은 아무리 애써도 드라마틱하게 변하지 않는다. 어쩌면 편견 자체가 타당성을 갖추지 못하기 때문에 타당한 말로 설득한들 편견을 버리게 할 수 없는 것 같다.

편식이 심했던 나도 지금은 가리는 음식 하나 없이 식탐 많은 어른이 되었다. 어렸을 때 이유 없이 싫었던 것도 어른이 되면서 어느 순간 좋아졌다. 왜인지는 모르겠다. 아이들도 호오가 바뀌는 때를 만나겠지. 나는 그때가 올 때까지 기다려 줄 셈이다.

배려라고 생각했어

예주가 실내화를 깜박했단 걸 안 것은 복도 신발장에 도착해서였다. 다시 집으로 돌아가면 지각할 텐데……. 예주는 교실에 들어오길 한참 망설이다가 마침내 쭈뼛거리며 다가왔다.
"선생님, 실내화를 안 가지고 왔어요."
"실내화 두고 왔구나? 괜찮아. 그럴 수도 있지."
"……."
"바닥이 차니까 오늘은 신발 신고 지내자."
"네……."

매주 금요일 집에 가져가서 빨고, 월요일마다 새로 가져오는 실내화. 하지만 실내화가 없다고 큰일 나는 건 아니다. 맨발은 추우니 그날만 신발을 신고 생활하면 된다. 간혹 선생님이 이 일로 혼내지 않는다는 것을 간파하고, 실내화가 있는데도 신발을 신고 들어오는 아이도 있다. 하교 때 다시 갈아신는 것이 귀찮아서다. 하지만 반에는 탐정들이 많아 기가 막히게 찾아낸다. 몇 번 시도하던 아이도 결국 들통난다는 것을 알고 규칙을 지킨다.

사정이 이렇다 보니 예주가 실내화를 두고 온 날도 대수롭지 않게 생각했다. 그런데 예주는 영 불편해 보였다. 실내화를 신고 있지 않은 발이 잘못이라도 한 듯 고이 책상 아래 두고 도통 움직이지 않았다. 평소 무엇에든 의욕적인 아이인데 수업 시간 발표도, 쉬는 시간 보드게임도 하지 않았다. 신발 신은 발로는 교실을 누빌 수 없다고 생각하는 것 같았다. 발끝에 모든 시선이 쏠리는 듯한 착각에 예주는 의자 아래 발을 숨기듯 움츠렸다.

아침에 예주 엄마와 주고받은 문자가 생각났다.

- 선생님, 오늘 예주가 실내화를 두고 갔는데, 제가 가져다주

는 게 좋을까요?

- 괜찮습니다. 오늘 하루 신발 신고 생활하면 됩니다. 내일 보내 주세요.

이럴 줄 알았다면 가져다 달라고 할 걸 그랬나? 남는 실내화가 없어 교사 슬리퍼라도 내주고 싶은 마음이 들게 예주는 줄곧 불편해 보였다. 그때, 복도에 웬 남자가 서성였다. 다가가 보니 그의 손에 들린 것은 예주 실내화였다. 아버지가 오신 거다. 다행이다! 그의 등장이 그렇게 반가울 수 없었다. 실내화를 전해 받은 예주 얼굴도 금세 환해졌다. 무거운 짐을 내려놓은 것처럼 신발장에 신발을 갖다 놓은 예주는 홀가분해 보였고, 그제야 평소처럼 발표도 하고 친구와도 어울렸다.

선생님이 괜찮다고 하면 준비물을 챙기지 않은 아이도 괜찮을 거라 여겼다. 아이의 준비물인데 선생님의 준비물인 양 단정 지었다. 심지어 "그럴 수도 있지, 괜찮아"라고 한 내가 너그러운 선생님이 된 것 같아 으쓱하기까지 했다. 준비물이 없어도 활동에 지장 없도록 친구나 교사 것을 빌려주면 된다고 생각했다. 왜 아이에게 먼저 물어보지 않았을까? 아차 싶었다.

"엄마가 실내화를 가져오실 수 있다는데 부탁드릴까? 아니면 오늘은 신발 신고 지낼래?"

답장하기 전 예주에게 물어봤어야 했다. 누구나 한 번쯤은 묻기 전에 섣불리 판단한 적이 있을 것이다. 괜찮다는 내 말이 상대에게도 정말 괜찮은지 물어보지 않은 채.

그러고 보면 나 역시 준비물을 두고 학교에 갔을 때 당혹스러웠던 기억이 있다. 챙기지 못한 스스로가 어찌나 후회되던지. 그런 날이면 평소 관심 없던 친구까지 내가 준비물이 없다는 걸 알아채고 쳐다보는 것 같아 몸이 굳기도 했다. 친구 것을 빌린다 해도 내 것이 아니라서 불편했는데, 나도 그랬으면서 이제야 짐작되는 마음이다.

실내화를 받고 안도하는 예주를 보자 내가 오만했다는 생각도 들었다. 오만한 사람은 물어보지 않는다. 특히 일에 익숙해질수록, 관계에 익숙해질수록 잘 안다고 착각한다. 나도 초임 때는 많이도 물어봤는데 말이다.

"너희는 이럴 때 선생님이 어떻게 해 주면 좋겠어?"

내가 섣불리 행동하다 학생 한 명 한 명의 감정을 놓치는 일이 생기지 않도록 애썼다. 그런데 언젠가부터 다 안다고 생각했다. 그러면서 스스로를 아이 마음을 알아주는 배려 많은 교사로 여겼다니! 내가 배려하는 선생님이 되는 동안 예주는 불편함을 참아야 했다. 진짜 배려는 묻는 것부터 시작인데 말이다.

가족이니까, 오래 함께한 사이니까, 다 안다고 생각했던 적이 있다. 말하지 않아도 알 거라고 믿었고 나 역시 묻지 않았다. 조금 불편했을 수도, 어쩌면 마음에 들지 않았을지도 모를 내 방식들을 '배려'라는 이름으로 포장해 건넸다.

신혼 초였다. 남편이 매일 밤늦게 퇴근하던 시절, 나는 소파에 누워 그를 기다렸다. 힘들게 일하다 돌아왔는데 내가 자고 있으면 왠지 서운해할 것 같았다. 그렇게 몇 날 며칠, 졸린 눈을 비비며 웃던 나를 남편은 고마워했지만 어느 날 조심스럽게 말했다.
"이젠 기다리지 말고 자고 있어. 기다린다고 하니까 더 미안해져."
그제야 알았다. 상대방을 위한다고 했던 행동이 때로는 마음의 짐이 되기도 한다는 걸. 배려는 일반적인 명제나 혹은 내 방식대로 정해 두는 게 아니라 상대에게 물어보고 그 마음을 듣는 데서 시작된다는 걸.

이젠 먼저 상대에게 물을 수 있는 사람이 되고 싶다. 그 마음, 정말 괜찮았냐고. 내 방식이 너에게도 따뜻했냐고.

2부 　　　투명한 눈빛이 건넨 말

내게 주어진 역할

학교는 1년짜리 조직이다. 반이라는 조직 안에는 다양한 역할이 존재한다. 회장, 부회장, 오락부장, 체육부장 등등. 매년 반 배치를 새로 하니, 1년마다 조직 내 역할도 새롭게 바뀐다. 역할은 본인이 택한 것일 수도 있고 조직에서 필요하다는 이유로 주어진 것일 수도 있다.

하지만 내 선택이나 만족 여부와 관계없이 한번 굳어진 역할은 쉬이 바뀌지 않는다. 조직 내 역할은 서로 연결되어 있기 때문이다. 그래서인지 초반에는 멋있어 보이거나 더 편한 역할을 차지하기 위해 눈치 싸움을 하지만 해를 거듭할수록 탐색하는 시간이 짧아진다. 처음으로 학급 임원 선거가 시작되는 3학년 교실에는 자진 후보가 많지만 고학년이 될수록 줄어드는 이유다.

학창 시절, 늘 반장 역할인 아이는 연예인처럼 다른 세상에 사는 것 같았다. 모두가 인정하는 친구, 탐색도 전에 유리한 고지를 점한 아이. '왕빛나'라는 아이가 있었다. 이름처럼 왕빛나는 아이였다. 당연히 1학기 반장을 맡았고 선생님 심부름을 도맡아 했다. 그 시절엔 선생님 심부름 가는 것이 인정받았다는 표시인 것 같아 기뻤는데, 빛나는 심부름 중에서도 옆 반 프린트물 배달을 맡았다. 모두가 원하는 심부름이었다.

왕빛나 같은 아이로 1학기 반장이 정해져 있다면 2학기 반장은 그렇지 않다. 새로운 인물이 등장하기도 한다. 내가 처음 임원이 된 것도 5학년 2학기 때였다. 나는 말썽을 부리지도 크게 튀지도 않는 평범한 아이였다. 임원이 되고 싶은 배짱도 없었지만 친구에게 추천받고 기권할 용기도 없었다. 설마설마 했는데 부반장이 되었고 남의 옷을 입은 듯 불편했다. 학급 선거가 끝나면 엉덩이 가벼운 아이가 복도를 오가며 각반 임원이 누군지 묻고 소식을 전달했다. 우리 반 부반장이 나라고 하면 "그런 애가 있었어?"라는 소리를 들을까 봐 복도의 분주한 움직임에 신경을 곤두세웠던 기억이 있다.

그 뒤로도 왕왕 2학기 임원이 되곤 했다. 모범생처럼 보이는 평범함과 기권도 못 하는 소심함 때문이었고, 자의든 타의든 한번 정해진 역할은 잘 바뀌지 않기 때문이기도 했으며, 자리가 사람을 만든다고 점점 역할에 익숙해졌기 때문이기도 했다.

그런데 선생님이 되어 보니 내 역할이 마음에 들지 않아 이를 갈며 기회를 노리는 친구도 있음을 알게 되었다. "쟤는 저런 아이"라는 평판이나 선입견으로 원치 않는 역할을 맡는 경우가 있기 때문이다. 사실은 그렇지 않은데 조용한 아이라는 역할을 맡았다거나 반대로 까부는 아이라는 억울한 평가를 받는 상황 같은 것 말이다. 이런 생각을 뒤엎고 주어진 역할을 바꾸고 싶다면 큰 이벤트가 필요하다.

3학년 담임 때였다.
"선생님, 애들이 저랑 짝꿍하기 싫대요."
우리 반 태진이는 말이 느리고 산만해 친구들에게 무시당하곤 했다. 하지만 마음이 여리고 따뜻하며 앞뒤 상황을 금세 파악하는 눈치 빠른 남자애였다. 태진이의 장점을 드러낼 기회가 좀처럼 없었기 때문에 우리는 학예회를 노렸다. 학예회에서는 각자 악기 연주, 수수께끼 내기, 춤 등 원하는 것을 준비해 발표한다. 태진이는 리코더 연주를 골랐고 우리는 방과 후에 따로 만나 연습했다.

학예회 날 아무도 기대하지 않았지만, 태진이는 훌륭한 연주를 들려줬다. 기대와 다른 연주 실력에 모두가 환호성으로 응답했다. 그날은 태진이가 주인공이었다. 그 뒤 아이들 시선도 조금씩 달라졌다. 똑같이 리코더를 연주했으나 보다 쉬운 곡을 택했던 성우는 못내 분해하며 교과서에 없는 곡이라고 트집 잡기도 했으니, 그날의 여파는 나만 느낀 것이 아니었다.

이제껏 역할은 바꾸기 힘들다 여겼다. 그래서 묵묵히 수행했다. 하지만 태진이는 적극적으로 움직였고, 나뿐 아니라 아이들 마음도 달라졌다. 역할을 바꿀 수 있구나! 학년이 올라갈 때마다 반이 바뀐다 해도 결국은 비슷비슷해지기 쉬운 학급 구성과 친구 관계다. 하지만 거기에도 균열이 생길 수 있고, 그게 건강한 것이라는 생각이 들었다.

어른이 되면 학교보다도 더 큰 세상에 놓인다. 그만큼 역할도 다양하고 균열의 틈도 심심찮게 노려볼 수 있다. 그런데도 내가 원하는 옷, 내가 편안한 옷을 입기 위해 목소리 내는 일에는 용기가 필요하고 때론 질타의 대상이 된다.

학교에서 교사 조직은 매년 맡는 학년이 바뀔 때 업무 분담도 새로 한다. 공식적으로는 지망하는 업무를 토대로 정하지만, 실상은 연공서열로 정해져 있다. 1년 단위 집단인 만큼 균열을 노려볼 법도 하지만, 굳어진 역할을 타개하기란 달걀로 바위 깨기 격이다. 나 역시 내 나이와 서열이 맡아 온 일들을 묵묵히 수행할 뿐이다.

'만일 태진이라면 이 굳건해 보이는 바위에도 금을 낼 수 있을까?'

그 아이가 만들어 낸 새로운 변화를 지켜보자니 가능할 것도 같다.

기권할 용기가 없어 임원을 몇 번 맡았고 그러는 동안 분명 성장한 구석도 있다. 하지만 진심으로 원한 게 아니었다는 찜찜한 기분만큼은 아직까지도 선명하다. 그래서인지 그때로 돌아가 기권을 외치는 상상을 종종 했다. 그것만으로 묘하게 기분이 좋아졌다.
 어른도 하기 어려운 걸 해낸 열 살 태진이. 진심으로 멋지다!

그들만의 리그에서 생긴 일

"이모, 저 브로콜리 먹을 수 있다요!"
"이모, 저 피아노 잘 치죠?"

"세상에! 브로콜리도 먹는구나!"
"피아노 소리가 아름답네. 최고 최고!"

양손 엄지를 들어 보이자 유나가 기쁘게 웃었다. 유나는 집에 놀러 온 딸의 동갑내기 친구다. 옆에 있던 딸아이가 돌연 귓속말을 했다.

"엄마, 나도 피아노 잘 쳐!"

그날 밤, 딸아이가 말했다.

"유나는 잘난척쟁이야. 나는 할 수 있지만 말하지 않았어!"

뽐낸 아이나, 발끈한 아이나 도긴개긴이라는 생각에 웃음이 났다.

"지금 너희들은 잘난척쟁이 시기야. 아가에게 옹알이, 걸음마 시기가 있듯이. 크면 잘난척쟁이가 없어져."

"왜?"

"잘 걸으면 더는 아장아장 걷지 않잖아. 걸음마를 마스터한 거지. 잘난척쟁이도 그래. 뭐든 능숙해지면 더는 잘난 체도 안 하고 남이 잘하는 걸 봐도 아무렇지 않아."

내 말이 길어졌나 생각할 때쯤 딸아이는 잠들어 있었다.

'-쟁이'는 어떤 낱말 뒤에 붙어서 그러한 성질을 많이 가지고 있는 사람을 칭하는 말이다. 재미있는 점은 멋쟁이는 멋쟁이끼리 신경 쓰고, 겁쟁이는 겁쟁이끼리 신경 쓴다는 것이다. 그래서 고집쟁이는 그 누구보다 고집쟁이와 만날 때 가장 팽팽하다. 결국에 비슷한 욕망끼리 충돌하는 셈이다.

교실 안 투덕거림도 도긴개긴끼리 발생하는데, 시기별 주요 리그가 있다. 저학년은 유독 '다했어요쟁이'가 많다. 이들은 "다했어요!"라고 먼저 말하기 위해 전투적이다. 그래서 누군가 먼저 다했다고 외치면 못내 분해하며 의욕을 잃어버리기도 한다. 너도나도 조급한 마음으로 서두르게 되므로 저학년 교실 금지어는 "다했어요!"다. 재미있는 건 앞다투어 다했다고 외치던 아이들이 고학년이 되면 아무도 다했다고 말하지 않는다는 점이다. 행여 누가 말한들 괘념치도 않을 거다.

그렇다고 고학년 교실에서 금지어가 없는 건 아니다. 고학년 금지어는 '욕'이다. 다했어요쟁이를 졸업한 그들은 욕쟁이가 된다. 이때는 욕을 하면 멋진 줄 안다. 그래서 "욕은 나쁜 말이야"라는 말보다 "욕은 멋진 척하는 거라 멋지지 않아"라고 말할 때 효과가 좋다. 욕쟁이 리그 무력화 작전. 수년간 다양한 욕쟁이를 상대하며 얻은 제일 발 빠른 방법이다. 사람은 자신의 욕망이 건드려질 때 움찔한다.

다했어요쟁이의 조급함이 욕쟁이의 허세로 변하는 과정은 마치 성장의 일환처럼도 보인다. 물론 이런 끼리끼리의 투덕거림은 어른이 되어서도 계속된다. 다만 어려서는 시기별로 다수가 쫓는 욕망이 있었다면, 어른이 되어 큰 과업을 이루고 나면 사람마다 신경 쓰는 분야가 다양해진다. 메인 리그 외 번외 장이 많아 각자 졸업한 분야와 입문하지 않은 분야, 몸담은 분야 등에 따라 다양한 리그가 혼재하는 셈이다. 그런데도 기가 막히게 서로를 알아보고 끼리끼리 투덕거린다. 예를 들어 패션을 신경 쓰는 사람을 '패션 피플' 즉 '패피'라 부르는데, 패피끼리는 서로를 알아본다. 상대의 코디를 살피며 은연중에 자신의 우위를 점검한다. 하지만 '패알못(패션을 알지 못하는 사람)'은 전혀 눈치채지 못한 채로 패피끼리 그들만의 리그를 치른다.

언젠가 대기업 10년 차인 친구가 말했다.

"새로 온 과장 너무 얄미워. 보여 주기 좋은 일만 자기 거로 꽉 움켜쥐고 다른 일엔 철벽 방어야. 나는 이 일 저 일 불려 다니느라 정작 내 일은 쌓여만 가는데."

이 말은 나도 내 일만 하고 싶다는 욕망이다. 그 욕망을 졸업했거나 시작하지 않은 사람은 그런 사람을 봐도 별 생각이 없다. 오히려 할 수 있는 일과 없는 일을 빠르게 판단해서 맡은 일만큼은 야무지게 책임지는 사람으로 평가할지도 모른다. 실제로 그 친구는 몇 년 뒤 이렇게 말했다.

"예스맨으로 사니까 남는 게 없더라. 내가 감당할 수 있는 선에서 노를 말하는 게 팀 성과에도 도움 되는 거 같아."

예스맨 리그를 졸업했나 보다.

유치원생 같은 1학년부터 청소년과 다름없는 6학년까지 꽤 넓은 스펙트럼의 어린이를 만나다 보면, 1학년이든 6학년이든 똑같이 아가들처럼 귀엽다. 그래서 종종 "우리 반 아가들" 하고 부르곤 한다. 이때 "우리 아가 아니에요!"라며 제일 발끈하는 건 바로 1학년이다. 특히 1학년 중에서도 제일 아가 같은 아이가 가장 크게 반발한다. 반면 6학년은 아무도 발끈하지 않고, 되레 아가라는 말에 좋아한다. 6학년은 이미 아가 리그에 속하지 않기 때문이다. 결국에 아니라고 바득바득 우기는 태도가 맞음을 시인하는 셈이니, 진정 아가가 맞고 아니고는 누군가가 불러 주는 것보다 대응 태도에서 드러난다.

어쩌면 묘하게 거슬리는 말이나 사람은 곧 내 욕망을 비추는 거울일지도 모른다. 누군가의 태도가 불편하다면 그 안에 내 욕망이 숨어 있지 않은지 돌아봐야 한다. 그리고 그걸 알아챌 때, 쟁이들의 투덕거림을 그들의 것으로 남겨 두고 나는 앞으로 나아갈 수 있다.

나는 이런 사람 🌸

준서는 곤충 박사다. 곤충을 어찌나 좋아하는지 어른들도 낯설어하는 곤충 이름을 줄줄이 꿰고 있었다. 나는 어릴 적부터 곤충이나 공룡 이름을 막힘없이 외어대는 아이를 보면 그런 걸 왜 외우는지 의아했다. 그런데 준서를 만나 처음으로 멋지다는 생각을 했다. 곤충 이름을 많이 알아서가 아니라 진심으로 좋아하는 분야가 있다는 것, 그것이 부러웠다.

"선생님, 어제 산에 갔는데 거기서 #%$#를 발견했어요! 그게 뭐냐면요……."

준서가 신이 나서 들려주는 이야기에는 온갖 곤충이 등장했다.

"준서야, 넌 분명히 석주명 선생님처럼 위대한 곤충학자가 될 거야."

그러던 어느 날, 준서 어머니께 전화를 받았다.
"선생님, 너무 속상해요. 하교하고 친구들이랑 노는데, 준서만 혼자 풀숲으로 들어가요. 다른 친구들은 놀이터에서 미끄럼틀도 타고 잘 어울리는데 준서는 혼자 놀아요."
"준서가 친구들과 같이 놀고 싶어 하나요?"
"친구랑 안 놀고 혼자 뭐 하냐니까 친한 친구가 없대요."
"그런 말 들으면 엄마 마음이 쿵 하죠."
"제가 친구들한테 가 보니까 곤충 본다고 안 간대요. 준서가 사실 미끄럼틀이나 그네를 안 좋아하거든요."
"그럼 준서가 자신 있는 곤충 쪽으로 친구들을 끌어들이면 어때요?"
"친구들은 곤충을 안 좋아한대요."
"커다란 채집통, 관찰 확대경, 벌레잡이 집게 같은 도구를 넉넉히 준비해서 가 보세요. 다른 친구들도 좋아할 거예요."

사람들은 자신이 효능감을 느끼는 분야에서 관계를 편안하게 주도하거나 시도한다. 내가 잘하고 좋아하는 놀이를 제

안할 때 어울리기가 더 수월하다는 뜻이다. 실제로 나중에 준서 어머니에게서 감사하다는 전화를 받았다. 채집 도구로 이목을 끌어서 친구들과 관계가 돈독해졌고, 이후에는 놀이터에서도 즐겁게 놀 수 있었다고. 내가 보기에도 교실에서 친구와 장난을 치며 노는 모습이 한층 밝아졌다. 내 구역에서 친구를 만들어 본 아이는 다른 구역에서도 친구를 만들 수 있다.

준서처럼 나를 드러내며 관계를 확장하는 게 가장 이상적이지만 말처럼 쉬운 일은 아니다. 오히려 누군가와 함께하고 싶은 마음에 나를 숨기기도 한다. 준서에게 채집통을 준비해 보라고 조언했던 나 역시, 나를 숨긴 적이 있다. 나는 한동네에 30년 넘게 살면서 초등학교부터 알던 친구들과 중고등학교 때까지 함께 지냈다. 별다른 노력을 하지 않아도 원래 알던 친구를 중심으로 관계가 이어지다가 재수학원에 가니 당황스러웠다. 아는 친구가 한 명도 없었다. 시끌벅적한 반 친구들 사이에 나만 조용히 혼자인 거 같았고, 나를 보여야 한다는 생각에 조급해지기도 했다. 학교는 졸업했지만 여전히 고등학생과 다름없던, 모든 게 서툰 시기였다.

당시 휴대전화에 스티커를 붙이며 꾸미는 것이 유행이었

는데, 우연히 헬로우키티 스티커를 붙인 친구들끼리 뭉치게 되었다. 평소 같으면 헤진 스티커를 바로 교체하곤 했지만 키티 스티커를 떼면 소외될까 봐 그럴 수가 없었다. 그만큼 어떤 무리에 속한다는 것은 낯선 학원 생활에 안정감을 줬다.

그런데 나중에서야 알았다. 그 친구들은 나와 결이 딱 맞는 친구는 아니라는 걸. 그들은 대화 속도가 빨랐고 말장난도 수준급이라 항상 시끌벅적했다. 하지만 나는 진지한 성격 탓에 말장난에 어울리지 못했고, 무엇보다 속도가 느려 대화에 끼기는커녕 따라가는 것도 버거웠다. 말을 걸 타이밍을 재다 놓치고는 뒤늦게 '중요하지 않은 말인데 안 하길 잘했다'라며 스스로 위로하기도 했다. 착하고 좋은 친구들이었지만 내 마음속 어딘가는 항상 편하지 않은 감정이 숨겨져 있었다.

한번은 누군가 재수학원 근처에 곱창집이 많다며 먹으러 가자고 했다. 나는 내키지 않았지만, 이미 대화는 빠르게 흘러갔고 결국 말할 틈을 놓쳤다. 맛집까지 검색하는 분위기에 '그럼 한번 먹어 볼까?' 싶기도 했다. 하지만 아무리 생각해도 못 먹을 것 같을 땐 이미 가는 길이었다. 곱창집에 앉았지만 잘 먹지 못하는 나를 보고 친구들이 물었다.

"왜 이렇게 안 먹어?"

그나마도 "곱창 처음 먹어 봐"라고 솔직하게 말하지 못하고 입맛이 없다고 둘러댔다. 그렇게 내 마음을 표현해야 할 순간을 놓쳐 버리는 일이 쌓여 갔다. 함께 웃으며 밥도 먹고 노트도 돌려봤지만, 어쩐지 나는 늘 한 발짝 멀리서 따라가는 느낌이었다. 하지만 재수라는 고단한 시기를 함께했던 전우애 덕분에 대학에 들어가서도 우리는 종종 연락을 주고받았다.

그러다 같은 무리였던 한나의 결혼식에서 윤선이가 축하 편지를 낭독했다. 진심이 가득 담긴 편지를 들으면서 매일 장난만 치는 줄 알았던 친구들이 사실은 오랜 신뢰와 애정을 쌓아 왔다는 걸 깨달았다. 나는 그 시간을 함께하면서도 나를 보여 주지 못했으니, 마음 깊이 관계를 맺을 수 없었다. 결국 헛되이 시간을 보낸 건 나였다.

왜 나를 솔직하게 보여 주지 못했을까? 머뭇대다가 타이밍을 놓친 것도 있지만 매번 놓치는 순간을 기필코 잡으려 노력하지 않았던 건 결국 섞이지 못할까 봐서였다. 하지만 그렇게 숨긴다고 관계가 편해지는 건 아니었다. 오히려 상대는 '진짜 나'를 모른다는 공허함만 커졌다.

그리고 진짜 나를 보이는 건 거창한 선언이나 변화가 필요한 게 아니었다. 그저 나를 보여 주는 작은 순간들을 쉽게 포기하지 않는 것부터 시작인 것 같다. 결국 나를 드러내는 용기는 스스로를 존중하는 데서 시작되는 게 아닐까? 관계를 유지하는 것만큼 내 생각과 감정을 중요하게 여기고 표현했어야 했다. 타인에게 맞춰 나를 숨길 게 아니라. 꽤 긴 시간이 있었지만 나는 여전히 서툴렀다.

준서는 곤충을 좋아하는 자신을 드러냈기에 놀이터 미끄럼틀에도 갈 수 있었다. 자기가 좋아하는 걸 숨기고 남들과 어울리기 위해 놀이터로 갔다면 진짜 관계를 맺지 못했을 것이다. 내가 나를 존중할 때 다른 사람도 나를 존중해 준다. 그리고 그런 경험이 쌓여야 나 역시 타인을 존중할 수 있다.

이제 내게 필요한 건 그럭저럭 어울리는 관계가 아니라 '나는 이런 사람'이라고 솔직히 보여 주고 그런 나를 좋아해 주길 바라는 용기 있는 태도인지도 모르겠다. 여전히 서툴겠지만 그래도 괜찮다. 좋아하는 걸 말할 용기 하나, 싫다는 말을 꺼낼 용기 하나. 그 작은 솔직함들이 결국 나를 내 편으로 만들어 줄 테니까.

내가 아무렇지 않게 생각하면 돼

2020년, 사망자 소식이 연일 방송되며 코로나 전염 공포가 최고조였던 때의 일이다.

따리리링~
"네, 1학년 3반입니다."
"선생님, 희수가 코로나예요. 학교 못 가는 거죠?"
"네, 격리 기간 후에 등교할 수 있어요. 희수는 좀 어떤가요?"
"주말 동안 열이 많이 났는데 지금은 좋아지고 있어요."
"다행이네요. 출석 인정으로 처리할게요."

"네. 그런데……."

희수 어머니는 한참을 망설이셨다.

"희수가 코로나 걸린 것을 친구들이 알게 되나요?"

"아니요. 아이들에게는 말하지 않아요."

"길게 결석하면 알게 될 텐데 옆에 오기 꺼릴까 봐서 걱정이에요."

엄마 마음을 충분히 짐작할 수 있었다. 당시 코로나는 감시, 질타 같은 단어와 가까웠다. 확진자가 나오면 그의 동선이 자세히 공유되었고, 전염이라도 되면 원망을 감내해야 했다. 그러니 희수 엄마가 걱정하는 게 당연했다. 나 역시 희수가 코로나 첫 확진자였기에 아이들이 어떻게 받아들일지 확신할 수 없었다. 그래서 희수가 돌아왔을 때 혹시라도 소외되지 않도록 격리 기간 동안 만반의 준비를 했다. 코로나는 감기처럼 누구나 걸릴 수 있으며 누군가 걸렸다면 어떻게 하는 게 좋을지에 대해 아이들과 이야기를 나누었다.

하지만 바짝 긴장하고 며칠 지나지 않아 나의 기우였음을 깨달았다.

아이들의 인성이 훌륭해서가 아니었다. 코로나에 대한 인식이 바뀌어서도, 내가 아이들과 미리 이야기를 나누어서도 아니었다. 어처구니없게도 아이들은 희수가 결석한 사실도 잘 몰랐다. 물론 물어보는 아이도 있기는 했다.

"선생님, 희수 오늘 안 와요?"
"왜 희수 안 왔어요?"
그러면 상황에 따라 적당히 답했다.
"응, 안 오네."
"글쎄~ 일이 있나 봐."
아이들은 대답을 들었다는 것 자체에 만족하고 금세 다른 관심을 찾아 떠났다.

어느새 격리 마지막 날이 되었다. 눈이 동그래진 치우가 다가오더니 힘주어 물었다.
"선생님, 오늘 희수 안 왔어요?"
표정을 보니 희수가 결석한 걸 오늘 처음 알았음이 분명했다. 격리한 지 열흘도 넘었는데 말이다. 그래, 모르는 친구도 많은데 이제라도 물어본 네가 장하다.
"그러게? 오늘 희수 안 왔구나."
치우 역시 그 대답에 만족해하며 자리로 돌아갔다.

그리고 희수가 돌아오던 날, 몇몇 친구들이 "희수야, 어디 갔었어?"라고 묻기도 했지만 금방 다른 놀이에 빠져들었다. 희수도 미소를 지으며 자연스럽게 아이들과 어울렸다. 교실은 평소와 똑같았다. 괜히 더 꼬옥 안아 주며 속삭인 나만 빼고.

"희수야, 건강하게 와 줘서 고마워! 내가 아무렇지 않게 생각하면 다른 사람도 아무렇지 않게 생각해. 오늘 즐겁게 보내자!"

사실 나는 중고등학생 시절, 생각만큼 사람들이 나한테 관심 없다는 걸 몰랐다. 심지어 버스를 타면 모두가 날 쳐다보는 것 같았으니 옷차림이나 머리 스타일 등 작은 것까지 많은 신경을 쓰던 아이였다.

가장 절정은 '커튼 머리'였다. 중학생 때부터 장장 6년 동안 커튼 머리를 고집했다. 커튼 머리는 단발머리를 커튼 삼아 양 귀를 가리고 눈, 코, 입만 보이게 하는 걸 말한다. 왜 그랬냐고 묻는다면…… 나는 내 귀가 지나치게 크다고 생각했다. 마치 원숭이처럼. 그래서 큰 귀를 가려야 한다는 강박이 있었다. 바람이 불어 커튼이 휘날리듯 머리카락이 날리면 누군가 귀를 볼 새라 고개를 땅으로 떨구곤 했다. 주변 친구들은 웃고 떠드는 동안 나는 귀를 가릴 생각뿐이었다.

실과 시간에는 이런 일도 있었다. 무슨 수업이었는지 위생을 위해 머리를 꼭 모두 넘겨 하나로 묶어야 했다.

"다음 시간에는 머리를 싹 올려 묶고 와! 특히 귀덕이! 머리 묶는 거다!"

단호한 말씀이 밤새 머릿속에 맴돌았다. 드디어 실과 시간, 나는 머리카락이 앞으로 흘러내리도록 묶는 꼼수를 택했다. 하지만 선생님은 화를 내며 당장 화장실로 가 단단히 묶고 오라고 하셨다. 결국 머리를 다시 묶었지만 거울에 비춰 볼 때마다 불편함이 온몸을 감쌌다. 아무도 뭐라 하지 않았는데 나 혼자 귀가 불쑥 커 보이는 것이 못내 신경 쓰였다. 며칠 전, 내게 예쁘다고 말해 준 친구가 본다면 '귀가 보이고 나니 별로 예쁘지 않네'라고 생각할 것도 같았다. 그렇게 남들이 나를 어떻게 볼지에 대한 불안감으로 수업에 집중할 수가 없었다. 이날 이후로도 고집스럽게 커튼 머리를 고수했다.

내 머리는 커튼처럼 내 귀를 가렸지만 동시에 나를 가두는 감옥이기도 했다. 커튼을 걷기까지는 오랜 시간이 필요했다. 시작은 긴 머리가 되고부터다. 머리가 길면 자연스럽게 앞으로 흘러내렸기에 귀가 다 보이지 않았다. 그렇게 조금씩 귀를 보이기 시작했고, 아무도 내 귀에 관심 두지 않는다는 걸 점차 깨달았다. 바람이 내 귓가를 스치는 자유를 맛보았다.

    그리고 아이들 덕분에도 더 확실히 알았다. 사람들은 생각보다 나에게 관심이 없다. 그걸 알고 나자 해방감이 들었고 스스로 더 관대해질 수 있었다. 내가 아무렇지 않게 생각하면 세상도 그만큼 가벼워진다.

3부

더 나은 어른이 되고 싶어서

묻지를 않아

아이들의 홀로서기는 초등학교 입학과 함께 시작된다. 이전에 어린이집이나 유치원을 다녔더라도 초등학교는 지켜야 할 규칙이 많고, 도움을 받기보다 스스로 해야 할 일투성이기 때문이다. 특히 처음 마주하는 도전은 '교실 찾아가기'다. 안내문과 화살표가 벽과 바닥에 붙어 있지만 학교가 크고 낯선 1학년에게 교실 찾아가기는 두려운 과제다.

실제로 3월 초, 1학년 복도에는 미아가 속출한다. 코너만 꺾으면 교실인데 아이들 눈엔 코너가 안 보인다. 어쩔 줄 모르고 한참 있자면 우는 아이도 생긴다. 하지만 결국엔 모두가 해낸다.

교실을 찾아온 아이는 여러 번 말한다.

"나 교실 한 번에 찾았다!"

"선생님, 저 혼자 왔어요!"

그럼 주위 친구들은 감탄하거나 "난 전번에 학원도 혼자 갔다?" 하고 자신의 무용담을 늘어놓는다. 그렇게 인생의 홀로서기가 시작된다.

내가 3학년 때, 새 학기 첫날이었다. 2학년 중간에 전학 와서 아는 친구도 없던 데다가 선생님이 무섭게 생겨 더 낯설게 느껴지는 아침이었다. 아이들이 하나둘 모인 조회 시간. 교실 텔레비전에 나오는 교감 선생님이 반을 호명하면, 교실에 있는 아이들은 "와아아~" 환호성으로 응했다. 방송실에서도 소리가 들리는지 "1학년 3반은 목소리 큰 친구들이 모였나 봐요?" 말씀하기도 했다.

이제 우리 반 차례다.

"3학년 4반!"

환호성을 지르려는데 조용⋯⋯하다. 우리 반은 아무도 소리를 지르지 않았다. 그러고 보니 담임선생님 소개를 할 때도 일어나 인사하지 않고 책상에 앉아 계실 뿐이었다. 무언가⋯⋯ 잘못됐다. 불안한 마음으로 무슨 상황인지 짐작하려 애썼다. 그때 교감 선생님 목소리가 들렸다.

"4학년 4반!"

그제야 들리는 환호성 소리.

"와아아아아~"

그렇다. 나는 3학년 교실에 가야 하는데 4학년 교실로 잘못 들어간 거였다.

'어쩌지? 그래, 오늘 하루만 모른 척하고 지내자.'

시치미 떼고 앉아 있기로 했다.

조회가 끝날 무렵, 교실로 한 여학생이 들어왔다. 두리번거리던 아이는 빈자리가 없자 선생님한테로 갔다. 선생님은 출석부와 아이들을 번갈아 보셨다. 아마 인원수를 세고 계신 것이리라.

"혹시 교실 잘못 찾아온 친구 없나요?"

아무도 대답하지 않았다. 왜 그때는 가만히 있으면 모를 줄 알았을까? 잘못 들어왔다는 사람이 없자, 출석을 부르셨다.

"전지민."

"한효준."

무서운 이야기 속 귀신이 화장실 문을 하나씩 열어젖히는 것처럼, 다른 사람 이름이 불릴 때마다 어찌나 조마조마하던지. 마지막까지 이름을 부르고 다시 물으셨다.

"내 이름이 불리지 않은 친구 없나요?"

패닉 상태였다. 어디론가 숨고 싶은 영원 같은 찰나, 누군가 내가 손을 들지 않았다고 말할 것 같았다. 날 보며 수군거리는 것도 같았다. 심장이 터질 듯 쿵쾅거렸다.

나는 학기 초마다 아이들에게 이 흑역사를 들려준다. 아이들은 하하하 웃기도 하고, 두근두근 걱정하기도 한다.

"선생님이 멋지지 못했던 건 교실을 잘못 들어가서가 아니라 문제를 해결하지 않고 숨으려 했다는 거야. 누구나 실수할 수 있어. 뭐든 해결하면 돼. 우리 서로 도와가며 지내 보자."

입학이 울타리 안에서의 홀로서기였다면, 어른이 되어 마주한 취업은 울타리를 넘어서는 홀로서기다. 학생이라는 이유로 서툴러도 너그러이 이해받던 시기를 지나고 사회에서는 냉혹한 잣대를 만난다. 나는 울타리 밖 홀로서기를 다시 학교에서 했다.

대학까지 16년을 학교에 다녔지만 교사로 겪어 내는 학교는 낯설었다. 선생님은 학생을 가르치는 게 다인 줄 알았는데 아이들 하교 후엔 업무와 씨름하는 공무원이기도 했다. 공문서는 무엇보다 형식이 중요했다. 예를 들어 본문 마지막에는 '끝'이라는 말을 써야 했고, 여기에 마침표가 없으면 반려당하는 식이었다. 마침표 하나로 문서가 되돌아온다는 사실에 당황했지만 그 외에도 모르는 것이 수만 가지였다. 나만 빼고 모두가 당연하다는 듯 알고 있어서 나도 마땅히 알아야 할 것처럼 느껴졌다.

처음 맡은 학교 업무는 방송이었다. 방송 기계를 다룰 줄 몰랐지만 누구에게 묻기도 어려웠다. 매주 월요일에 하는 조회는 그럭저럭 굴러갔는데 문제는 입학식이었다. 강당에서 진행하는 입학 행사를 각 반 교실로 실시간 중계해야 했다. 강당, 방송실, 1학년 교실을 왔다 갔다 뛰어다니며 여러 번 테스트했다. 영상이 잘 나오는 것을 확인했음에도 왠지 모를 불안감으로 잠을 설쳤다.

입학식 당일 아침, 생방송이 시작되고 강당 화면이 교실로 송출되는 걸 확인하자 마침내 안도의 한숨이 나왔다. 하지만 동시에 방송실 전화벨이 울리기 시작했다.

"소리가 안 들려요!"

영상은 나가는데 소리가 안 들리는 거였다. 머릿속이 하얘

졌고 뭐가 문제인지 몰라 우왕좌왕했다. 다행히 소식을 듣고 전산 기사님이 달려오셨다.

"오디오 라인 연결이 안 돼서 그래!"

지금 생각해도 아찔한 기억이다.

신입으로 모르는 것이 많을 때는 혼자 해내야 한다고 생각했다. 또 실수하지 않으려고 바짝 긴장해 있기도 했다. 그러나 진짜 홀로서기란 모든 걸 혼자 하는 것이 아니라 필요할 때 도움을 구할 줄도 아는 것이었다.

"요즘 젊은 선생님들은 묻지를 않아~"

고군분투하는 신입을 보고 경력 많은 선생님이 지나가며 던진 말을 들었을 때 속으로 '뭘 물어야 할지 알아야 묻지'라는 생각도 했다. 그런데 '묻지 않는다'는 말은 질문하지 않아서 틀린다는 뜻이 아니었다. 더구나 틀리지 말라는 의미도 아니었다. 오히려 실수해도 괜찮으니까, "네네" 하며 숨지 말고 우당탕 부딪혀 보라는 뜻이었다.

생각해 보면 학교를 즐겁게 다니는 아이들은 무엇이든 잘하는 아이가 아니었다. 완벽한 아이보다 실수하더라도 의욕적으로 참여하는 아이들이 항상 웃고 있었다. 그래! 나도 숨지 말고 부딪혀 보자! 그렇게 마음먹자 낯설던 학교 생활이 조금씩 편안해졌다.

어른이 된다는 건 혼자서 뭐든 잘하는 사람이 되는 건 줄 알았다. 그런데 이제는 안다. 때론 모르는 것을 용기 내어 묻는 것도 어른이라는 것을. 나의 홀로서기는 그렇게 또 다른 시작을 맞이했다.

어른에게도 칭찬 스티커가 필요하니까

지호는 아침부터 싱글벙글이다.

"선생님, 저 오늘 한 개만 받으면 큰 열매 받는다요!"

이런 날이면 슬그머니 열매 상자를 교탁 앞으로 가져다 놓는다. 열매 주는 것을 잊지 말자는 다짐이다.

내가 지휘하는 세상에서 열매는 아주 요긴한 물건이다. 열매의 종류는 두 가지. 작은 열매와 큰 열매다. 작은 열매는 손톱만 하고, 큰 열매는 500원 동전 크기다. 교실에서 칭찬할 일이 있을 때면 작은 열매를 준다. 작은 열매가 열 개 모이면 큰 열매 한 개로 바꿔 주고, 큰 열매가 다섯 개 모이면 노란 상자를 열 수 있다. 노란 상자 안에는 간식과 학용품이 가지런히 놓여 있는데 여기에서 무엇이든 한 개만 가져갈 수 있다. 열매로 받은 간식은 수업 시간 중이라도 언제든 먹을 수 있고, 학용품은 60색 볼펜 중 골라 똑같은 볼펜을 받게 되는 일이 없다.

아이들은 상자를 여는 행위 자체에 이미 보상받은 듯 행복해한다. 길게 고민하는 아이도 있고, 이미 정해 놓은 듯 열자마자 가져가는 아이도 있다. 각자 나름의 이유로 선호하는 상품을 가져간다. 무엇보다 이 시스템 안에서는 누가 열매를 많이 모았는지 직접 비교가 불가하다. 큰 열매 다섯 개를 상품으로 바꾸고 나면 다시 처음부터 시작하기 때문이다. 가장 마음에 드는 부분이다. 누군가보다 칭찬을 많이 받아서가 아니라 그저 칭찬받는 순간마다 우쭐했으면 하는 바람이다.

물론 교실에는 상자를 열지 않고 주구장창 열매만 모으는 스크루지가 꼭 한 명 있다. 스크루지의 대표 장면이 돈 세는 모습이라면 교실 속 스크루지도 열매 세 보는 일을 좋아한다. 쉬는 시간이면 자신이 이제껏 모은 열매를 작은 열매와 큰 열매로 분류해 세어 보곤 하는데, 상품으로 바꾸는 것보다 가지고 있는 것에서 더 큰 만족을 느낀다. 가끔은 열매 통이 가득 차 내가 바꿔 가길 설득하기도 한다. 열매가 돌고 돌아야 하는데 스크루지 한 사람의 금고에 너무 많이 들어가 있는 것도 문제거니와 스크루지를 따라 한 명 두 명 열매를 모으기 시작하면 경쟁이 시작될까 염려돼서다.

아이들은 열매 하나에 울고 웃는다. 열매가 많은 아이는 우쭐하고 적은 아이는 주눅 드는 것이 사실이다. 때로는 이 시스템에서 벗어나고자 하는 아이도 있다. 성진이가 그렇다. 글씨를 예쁘게 쓰거나 과제를 마치고 열매를 받을 때면 허세를 부린다.
"저는 안 받아도 돼요."
나는 이런 아이들에게 다양하게 반응해 주곤 한다.
"간식 먹고 싶지 않겠어?"
"나중에 소급해 주지 않는데~"
"그래, 너의 선택을 존중한다!"

하지만 허세는 오래가지 못한다. 아직은 스스로보다 남에게 인정받는 것에서 더 큰 효능감을 느끼기 때문이다. 이런 인정을 가시적으로 보여 주는 열매는 결국 열매 없이도 자신을 괜찮은 사람으로 인정하는 발판이 된다.

가끔은 부모님께 문자도 받는다.

- 선생님, 이런 일로 문자 드려도 되나 고민하다 드립니다. 아이가 오늘 독후 기록을 열 개 해서 큰 열매 한 개를 받아야 하는데 선생님이 작은 열매 한 개를 주셨다며 속상해해서요. 내일 확인해 주실 수 있을까요?

독후 기록을 열 개나 하고 큰 열매 받을 생각에 히죽였을 지수 얼굴이 둥둥 떠올랐다.

- 어머니, 제 잘못입니다. 지수에게 선생님이 엄청 미안하다고 전해 주시겠어요? 내일 바로 바꿔 주겠다고요. 그리고 문자 할 만큼 중요한 일 맞습니다.

다음 날, 지수에게 바로 사과했다.
"선생님이 어제 착각했어. 정말 미안해."
아이들은 언제나 말이 끝나기도 전에 용서해 준다. 큰 열매를 받고 헤헤 웃는 지수 모습에 참 행복해졌더랬다. 또 열매를 귀하게 여기는 마음이 예쁘다는 생각도 했다.

어른이 되어서도 우리는 여전히 열매를 주고받으며 살아간다. 교실에서처럼 열매를 귀하게 여기는 사람, 대수롭지 않게 여기는 사람, 잘 잃어버리는 사람, 집착하는 사람 등 다양한 부류가 있는 것도 비슷하다.

다만 칭찬이라는 열매를 소리 내어 받을 기회가 줄어든 어른들은 종종 스스로에게 묻는다.

'나는 지금 잘하고 있는 걸까?'

누구도 확답을 주지 않는 질문을 품고서, 우리는 묵묵히 하루를 살아 낸다.

그러니 어쩌면 우리에게도 작은 열매 하나쯤 필요할지 모른다. 누군가에게 인정받고 싶은 마음, 나의 노력과 애씀을 알아주는 누군가가 있기를 바라는 마음은 여전하니까.

큰 열매를 받기 위해 애쓰던 아이들이 결국 스스로 인정하는 법을 배웠듯 이제는 우리가 우리 자신에게 열매를 건네면 어떨까? 누구는 스스로에게 비싼 선물도 사 주고, 여행도 떠난다지만 꼭 눈에 보이는 것이 아니어도 된다. "수고했어", "너 정말 잘하고 있어"라는 진심 어린 말 한마디, 스스로를 다독이는 따뜻한 시선이면 충분하다.

잘 버텨 낸 하루의 끝, 내가 나에게 조용히 속삭인다.
"오늘도 잘했어."

발표는 잘 못해요

어릴 적엔 나 빼고 모두가 발표를 잘하는 것 같았다. 그런데 선생님이 되고 보니 아이들 대부분이 속 시원히 발표하지 못했다. 말을 빨리하는 친구, 목소리가 작은 친구, 혼자 웃는 친구, 책에 얼굴을 파묻고 웅얼거리는 친구, 말을 더듬는 친구, 손으로 머리나 옷을 꼼지락 만지는 친구.

"너 작년 그 아이 아니니?"

이렇게 묻고 싶을 만큼 아이들 발표는 매년 비슷한 군상이다. 발표 잘하는 아이, 그러니까 적당한 목소리 크기와 빠르기로 청중을 바라보며 말하는 아이는 정말 드물다.

"학교에서 발표는 잘하나요?"
부모님들이 던지는 단골 질문도 발표다.

"하루 한 번은 꼭 발표합니다."
"질문할 때마다 손을 들어요."
"정답이 있는 문제는 곧잘 답하고, 생각을 물으면 어려워합니다."
아이에 따라 발표 성향을 말씀드리곤 하는데 사실 발표를 잘한다는 것이 수업에 잘 참여했다거나 공부를 잘한다는 뜻은 아니다. 어른들은 그런 뜻을 기대하고 묻겠지만.

하루에 열 번 발표하는 서현이는 손을 높이 들어 이름을 부르면 항상 이렇게 말한다.
"뭐라고요?"
질문을 다 듣기도 전에 손부터 들어서다.
"어제 할머니 집에 갔는데……"라며 엉뚱한 말을 하는 아이도 있다. 질문과 상관없이 그저 말하는 것이 좋아 손부터 드는 친구다.
이렇듯 발표는 집중하지 않아도 할 수 있다. 반대로 수업에 집중하고 정답을 알아도 발표는 꺼리는 경우도 있다. 발표는 그저 수업 중 일어나는 공개적인 소통 수단일 뿐이다.

나는 사람들 앞에서 말하는 직업이지만, 사실 주목받는 것을 불편해하는 MBTI의 I유형이다. 학창 시절 발표할 상황이 되면 내 번호가 불리지 않기를 간절히 바랐다. 어쩌다 내가 호명되면 쏟아지는 시선에 온몸이 굳곤 했다. 그래서 마음 한구석에 E가 추앙받는 세상에 대한 불만을 품고 있었다. 뚱뚱한 사람을 미인으로 여기던 시절이 있던 것처럼, 언젠가 발표 안 하는 것을 이상적으로 여기면 좋겠다는 생각도 했다.

어릴 적부터 글로는 수없이 다듬으며 내 마음에 딱 맞는 표현을 찾아내지만 한번 내뱉으면 끝인 말은 아쉬움이 남았다. 뒤늦게 '아까 이렇게 말했어야 했어!' 하고 다시 흡족하게 말하는 상상을 하곤 했다. 어른이 된 지금도 말보다 글이 편하다. 그런데도 선생님이라는 직업을 택한 것은 가르치는 직업이라고만 생각했지 다수 앞에서 말하는 직업이라는 생각을 못 했기 때문이다.

처음 그 사실을 실감한 건 대학 때였다. 교육대학교는 발표나 수업 시연이 많다. 발표 전날이면 머릿속으로 연습하느라 밤을 지새우고 나중에는 문장을 달달 외울 지경이었다.

그리고 진짜 문제는 발령을 받고 시작됐다. 초등학교는 매년 학기 초, 공개수업과 학부모 총회가 있다. 부모님을 교실로 초대해서 수업을 보여 드리고 1년의 교육과정을 안내한다. 질문이 없는 어른을 상대로 교육과정을 안내하는 것이야 좀 나은데 문제는 수업이었다. 아이들과 수업 중 일어날지 모르는 돌발 상황이나 내가 의도한 대로 수업 흐름이 가지 않을 때를 상상하면 아찔해지곤 했다. 급기야 내 입에서 나가야 하는 문장을 모두 종이에 쓰고, 아이들과의 상호작용을 여러 갈래로 예상하며 연습했다. 한 번의 발표가 날 무능한 교사로 보이게 할까 두려웠다. 과하게 긴장하는 모습에 선배 선생님은 "부모는 자기 아이만 보느라 선생님 볼 겨를이 없어"라고 말씀해 주셨지만, 귓가에만 맴돌 뿐이었다.

그런데 경력이 쌓일수록 깨달았다. 총회가 아니어도 학부모와 교사 사이에는 아이를 매개로 오가는 소통이 많았다. 아이가 전하는 선생님 이야기, 전화나 방문 상담, 학급 행사 안내 등 1년 내내 학급 운영을 수시로 전달한다. 설사 총회 때 버벅거려도 만회할 기회가 많은 셈이다. 수업에 참여하는 수단이 발표만이 아니듯 좋은 선생님으로 인정받는 수단도 총회만이 아니었다. 그걸 알고 나자 한결 가벼워졌다.

아이들의 집중을 끌어낼 때도 마찬가지다. 선생님 중에는 뛰어난 언변으로 어른인 나도 빨려 들어갈 정도로 수업을 이끄는 분들이 있다. 때론 유머스럽게, 때론 압도하며 쥐락펴락하는 수업은 마치 재밌는 쇼를 보는 것 같다. 한때는 '나는 저렇게 못하는데 어쩌나' 했지만 이제는 안다.

나는 내 방식으로 수업을 이끌 수 있다. 말보다 글이 편한 나는 필기를 기가 막히게 했다. 그래서 말로 휘어잡는 대신 내용을 효과적으로 기억할 수 있도록 활동지를 꼼꼼히 준비했다. 노련함의 대명사인 맨손 수업은 못 해도 그 자리를 나만의 활동지로 채워 나갔다.

또 나같이 내향적인 사람은 상대의 말을 잘 들어주고 감정을 세심하게 읽어서 일대일 상황에 특히 강하다. 이렇게 아이들 한 명 한 명에게 다가가면 아이들은 나를 좋아하고 따르게 되고, 이는 수업 시간 집중을 이끄는 포석이 된다.

여럿 앞에서 말하는 것을 즐기지 않고 자신도 없지만 나는 나만의 방식으로 아이들과 소통하며 좋은 선생님이 될 수 있었다. 그리고 이제는 이런 성향이 누구도 따라 할 수 없는 나만의 강점이라고 생각한다.

잘은 모르지만 다른 직장도 비슷하지 않을까? 회의나 발표에서 막힘없이 말하는 사람이 돋보이지만 그게 유능함의 전부는 아닐 거다. 말을 잘하는 사람이 있는가 하면 차분히 정리된 문서로 핵심을 전달하는 사람도 있다. 즉각적으로 아이디어를 내는 사람이 있는가 하면 깊이 고민한 뒤 신중하게 의견을 내는 사람도 있다.

중요한 건 자신의 강점을 발견하고 그것을 활용하는 일이다. 결국 내가 잘하는 것으로 일하는 방식을 만들어 나가면 된다. 업무로 주고받는 이메일, 보고서, 평소의 대화 그 모든 게 소통이고 발표일 테니. 나처럼 발표를 잘 못하는 사람이라도 움츠러들지 말고 다른 소통에서 나만의 강점을 찾아봤으면 좋겠다. 나만의 언어로 세상과 충분히 이야기할 수 있으니까.

스스로 빛나는 사람

처음 교사 생활을 시작한 2010년만 해도 한 반에 워킹맘은 두세 명뿐이었다. 현재는 학부모 대부분이 80년대생으로, 절반 이상이 워킹맘이다. 나 역시 대학 가는 건 당연하고 졸업 후엔 사회에서 내 몫을 할 거라 믿었던 80년대생이다. 워킹맘을 '선택'했다기보다 인생 과업을 해내다 보니 사회인이 되었고, 결혼도 해서 아이를 낳게 되었다. 분명 자연스러운 과정인데 아이가 태어나자 나의 일이 문제가 됐다. 아이가 아픈데도 출근해야 할 때, 일하는 학교 입학식 때문에 막상 내 아이 입학식에 참여할 수 없을 때, 그렇지만 내 일을 포기하고 싶지 않을 때마다 '육아와 직업이 양립할 수 있을까?'라는 고민과 마주했다.

나도 초등학생 때 엄마가 일을 하셔서 혼자 하교를 하곤 했다. 한번은 현관문 앞에 섰는데 열쇠가 없어 당황했던 적이 있다. 주머니를 뒤집어 보기도 하고 책가방을 탈탈 털어 보기도 했는데 도무지 찾을 수 없었다. 당시에는 휴대전화도 없었기에 무작정 엄마를 기다리는 수밖에 없었다. 그 뒤로 집 밖을 나설 때면 열쇠가 있는지 여러 번 확인하는 습관이 생겼다. 주머니에 손을 넣어 손가락으로 열쇠 모양을 따라 만지작거렸던 감촉이 아직도 기억난다.

또 현관문을 열면 거실 불을 켜는 스위치까지 걸어가는 동안의 짧은 어둠이 싫었다. 지금 생각해 보면 아직 이른 오후라 그리 어둡지 않았을 텐데도 들어가면 가장 먼저 거실 불을 켰다. 누가 쫓아오는 것도 아닌데 황급히 불을 켜고서야 안도하곤 했다. '일하는 엄마' 하면 떠오르는 이런 기억들 때문에 더더욱 내가 있어야 할 자리가 집은 아닌지 고민이 됐다.

그런 내가 마음을 다잡은 계기가 있다. 재능 기부 수업 날이라 학부모 네 분이 오셔서 수업을 진행한 날이었다. 재능 기부 수업은 학부모가 자신의 재능을 살려 일일 선생님이 되는 걸 말한다. 선생님이 아니라 엄마가 수업한다는 사실에 아이들은 호기심 어린 눈을 반짝였다.

"안녕하세요. 오늘 수업을 맡게 된 우재, 단이, 송현, 재아 엄마입니다."

"와아~"

우재 어머니가 주축이 되어 서예 수업을 진행했다. 간단히 이론을 설명하고 질문하는 시간. 아이들은 너도나도 손을 번쩍 들며 발표에 열의를 보였다.

"형조가 말해 볼까?"

"소은이가 말해 보자."

'어라? 아이들 이름을 다 알고 계시네?'

좌석 배치표를 보고 이름을 부르는 줄 알았는데 아니었다. 어머니들이 아이들 이름을 줄줄이 알고 있다는 사실에 흠칫 놀랐다.

'엄마들끼리 이미 교류가 활발해서 아이들 이름도 다 아는구나.'

이름을 알고 있으면 수업에 막힘이 없고 아이들도 친근하게 느껴 다행이다 생각했을 때였다.

"분홍색 티셔츠 입은 친구가 말해 볼까?"

선영이는 자주 만나지 않았나 보다. 그러고 보니 선영이 어머니는 워킹맘이다. 그리고 발표가 거듭될수록 알았다. 이름이 불리는 아이는 엄마가 집에 계시는 아이, 이름이 불리지 않는 아이는 엄마가 일터에 나가는 집 아이였다.

질문 시간이 끝나고 어머니 한 분씩 분단을 맡아 서예 지도를 해 주셨다. 대부분 친근하게 이름을 부르며 도와주고 아이도 익숙하게 "○○ 아줌마"라고 불렀다. 물론 이름을 몰라도 친절하게 도와주시지만 선영이는 낯설어서 그런지 선뜻 아줌마라 부르지 못하고 머뭇거렸다. 나는 '우리 아이도 같은 상황이라면 저렇게 이름이 불리지 못하겠지?'라는 생각을 잠깐 했다. 이름이 불린다고 꼭 좋은 것도 아니면서 괜한 미안함이 슬며시 올라오는 순간이었다.

수업이 모두 끝나고 정리하는 시간, 엄마들과 인사를 나눴다.
"오늘 수고 많으셨어요. 덕분에 아이들에게 참 의미 있는 시간이었습니다."
그때 재아 어머니가 물어보셨다.
"근데 저기 분홍 티 입은 아이는 이름이 뭐예요?"
"아, 선영이라고 해요."
엄마들 눈에도 발표 잘하고 예의 바른 선영이가 눈에 띄었나 보다.

사실 선영이는 3월 첫날부터 눈에 확 들어오는 아이였다. 수업 동안 이름이 불리지 못했지만 선영이는 스스로 이름을 알렸구나. 엄마가 도와주지 않아도 스스로 자기 이름을 알렸다는 사실에 괜스레 내가 뿌듯해지는 순간이었다.

"선생님, 저는 목요일이 제일 좋아요. 하교할 때 다른 날은 할머니가 오는데 목요일은 엄마가 오거든요."
"저는 방학이 싫어요. 방학에도 돌봄 교실에 매일 가거든요."
말은 이렇게 하지만 선영이는 교실에서 누구보다 건강하게 학교 생활을 하는 밝은 아이다. 더구나 엄마를 무척 자랑스러워한다.
"선생님, 이 옷 정말 예뻐요. 우리 엄마도 옷을 만들어요."
"우리 엄마는 디자이너예요!"

워킹맘이든 전업맘이든 그리고 어떤 아이든, 자기 자리에서 최선을 다하는 사람은 빛이 난다. 누군가 밝게 비춰 주지 않아도. 그렇게 반짝이는 사람은 스스로 인생의 주인이 된다. 아이도, 어른도.

내가 처음으로
아이를 혼낸 날

하교 시간이었다. 아이들은 복도에서 신발을 갈아 신고 줄을 서 있었다.

"박철민! 손 떼!"

내가 소리를 지르자 모두가 일제히 철민이를 보았다. 철민이는 주영이를 꼬집고 있었다. 12년 교직 경력 중 정말 크게 아이를 혼낸 적이 두 번 있는데, 이날이 그날이었다.

그날 아침 철민이와 따로 약속했었다. 며칠 전부터 철민이가 이유 없이 주영이에게 다가가 툭툭 치는 것을 몇 번 목격했기 때문이다. 주영이가 불편해한다는 걸 바로 알 수 있었다. 현장에서 잡으리라 벼르고 있던 나는 아침에 그 장면을 보자마자 바로 철민이를 불렀다.

"철민아, 주영이 치는 걸 선생님이 봤는데 왜 그런 건지 말해 줄 수 있어?"

철민이는 한참 바닥만 바라보았다. 물론 어떤 이유가 있어도 툭툭 치는 행동은 금지다. 몸을 쓰는 일은 반드시 짚고 넘어가야 한다. 이런 의지를 느꼈는지 철민이가 입을 열었다.

"시끄러워서요."

"주영이가 시끄러워서 불편했니?"

"네."

"하지만 친구를 몸으로 건드리는 건 안 돼. 특히 툭툭 치는 건 때리는 것과 같아. 선생님은 철민이가 주영이를 때렸다고 봤는데 어떻게 생각해?"

"다음엔 안 그럴게요."

"그래, 불편한 일이 있다면 말로 하는 거야. 몸으로 표현하는 건 절대 안 돼."

주영이에게 사과하게 한 뒤, 다시 또 그러지 않기로 단단히 약속했다.

그런데 하교 시간에 또 건드리려는 것을 포착해 철민이 손을 잡고 "철민아, 친구 몸에 손대면 안 된다고 했지? 우리 아침에 약속한 거 기억하지?" 하고 따로 주의 주기도 했다. 그런데 철민이는 내가 주영이만 감싸고 도는 것 같아 억울했나 보다. 내가 잠깐 고개를 돌린 사이 실내화 주머니로 가리고 주영이를 꼬집었던 거다.

"모두 교실로 들어가세요."
엄한 목소리로 아이들 전부를 교실로 들여보냈다. 평소와 다른 말투에 아이들은 얼음이 되었다. 교실로 들어와 친구들 사이에 지켜야 할 것들에 대해 한바탕 훈계를 했다. 모두에게 하는 말이었지만, 철민이는 특히 자신에게 하는 말이라는 것을 알았다.

그리고 다음 날, 철민이 어머니께 전화를 받았다.
"어제 철민이가 혼났다는 걸 반 친구 엄마에게 들었어요."
"네, 제가 혼을 좀 냈습니다."
나는 자초지종을 이야기했다.
사실 철민이를 혼내면서 망설임이 없었던 건 아니다. 10년 넘게 선생님을 하다 보면 아이들 뒤에 부모가 느껴질 때가 있다. 특히 혼낼 때는 뒷감당을 할 수 있을지 멈칫하게 된다. 요즘 선생님들은 민원 전화에 대한 고충이 상당하기 때문이다. 자라 보고 놀란 가슴 솥뚜껑 보고 놀란다는 말처럼 전화벨 소리만 들어도 가슴이 두근거린다는 분들도 많다. 게다가 강한 어투로 혼내기보다는 친절하게 알려 주기를 요구받는 요즘이다. 하물며 이날은 소리를 빽 질렀으니 항의 전화를 받을지도 모르겠다고 생각했다. 예상대로 전화가 온 데다 그런 전화가 처음이기도 했기에 더 기억에 남는다.

이러나저러나 교사 입장에서도 혼을 낸다는 건 부담이 따르는 일이다. 하지만 때론 강한 표현이 효과적일 수 있고, 철민이에게도 그런 훈육이 필요했다는 생각에는 변함이 없다.

다행히 그날 이후 철민이는 눈에 띄게 좋아졌다. 주영이에게 두 번 다시 몸을 사용하는 일이 없었다. 주영이도 괜히 미안했는지 다음 날부터 철민이에게 부쩍 다가가는 모습을 보였다. 물론 둘은 결이 워낙 다른 친구라 무척 친하게 지내는 건 아니지만 1년 동안 문제없이 지낼 수 있었다.

그리고 아이를 크게 혼낸 다른 한 번의 일은 햇병아리 때였다. 그 시절엔 오히려 혼내는 일 자체에는 망설임이 없었다. 오직 나와 학생 그리고 교과목만 있을 뿐, 그들 뒤 부모의 존재는 까맣게 모르던 단순한 때였다. 5학년 과학 수업에서 모두가 꽃 한 송이씩을 분해할 수 있도록 경비 아저씨 눈을 피해 철쭉을 따기도 하고, 밤새 집필 수준의 활동지를 만들기도 했다. 수업에 대한 나의 열정이 당연하듯 학생이 수업에 열심히 참여하는 것도 당연하다 여겼다.

아이들과 관계도 좋고 스스로 스타 강사라도 된 듯 행복했는데 딱 한 명, 영진이만 수업 시간에 매번 늦으며 활동지를 건성건성 했다. 살짝살짝 선을 넘는 태도에 벼르고 있던 어느 날, 어김없이 늦게 들어온 영진이를 불러 타이르기 시작했다. 그러나 영진이가 눈을 치켜뜨며 대들자 그만 꼭지가 돌았다. 나는 교과서를 바닥에 집어 던지며 크게 소리쳤다.
"이럴 거면 수업 들어오지 마!"
아이들 모두 놀랐고, 솔직히 나도 놀랐다. 내가 이렇게 소리칠 수 있단 걸 처음 알았다.

생각지도 못한 강한 태도에 영진이도 어쩔 줄 몰라 했고, 그렇게 잘못했다는 말을 받아냈다. 하지만 과격한 행동으로 기선 제압해서 일단락된 훈육은 한판 대결에 가까웠다. 동등한 위치가 아니었기에 찜찜한 승리였지만, 다행히 영진이는 예의를 갖추기 시작했고 더는 늦지 않았다.

하지만 그날 이후 꽤 긴 시간 스스로 되물었다. 내 감정이 들어간 건 아닐까? 부당하게 화를 낸 건 아닐까? 더 차분하게 전달할 수 있지 않았을까? 그래서 교사들이 갖는 직업병이 죄책감이라고 하나 보다.

이 죄책감은 다음 해 스승의 날에 영진이가 장미꽃을 수줍게 건네 주고 나서야 개운해졌다. 너를 이겨 보겠다고 길길이 날뛴 못남이 아니라, 네가 잘 크길 바라는 마음이었음을 인정받은 기분이었다. 혹시나 했던 내 안의 물음표를 비로소 마침표로 바꿀 수 있었다.

자의에 의한 검열이든 타의에 의한 해명 절차 때문이든, 훈육 후 따라오는 괴로움을 경험할수록 혼내는 것에 주춤하게 된다. 오죽하면 교사 스스로 택배 기사에 비유하기도 한다. 아이를 혼내서 복잡한 일 만들지 말고 내게 온 그대로 다음 학년에 올려 보내라는 자조다.

훈육에 갖는 부담이 교사 역할에 대한 근본적인 질문으로 이어지면, 영진이에게서 받은 장미꽃 한 송이가 떠오른다. 옛날처럼 인생을 바꿀 만한 끈끈한 스승과 제자까지는 아니어도 선생님과 학생으로 맺는 특별한 관계 속에 꽃향기가 가득하면 좋겠다.

그럴 수도 있지

교사 임용고시에 합격하면 발령 전 연수를 받는다. 곧 현장에 나간다는 설렘 가득한 새내기 교사끼리 어떤 선생님이 되고 싶은지 묻고 답하는 시간이었다. 교대에 다닌 4년간 교실에서 선생님으로 설 모습을 그리며 지냈기에 이상적인 포부가 쏟아졌다.

"친절하고 온화한 선생님이 되고 싶어요."
"친구 같은 선생님이 되고 싶어요."
다소 뻔하고 막연한 답 사이, 한 선생님이 이렇게 말했다.
"저는 '그럴 수도 있지'라고 말해 주는 선생님이요."

구체적이지만 예상하지 못했던 내용이라 뇌리에 박혔다. 하지만 당시엔 "그럴 수도 있지 하는 게 무슨 상황이지?" 하고 쉬이 와닿지 않았는데, 훗날 정환이를 만나고 이 말이 다시 떠올랐다.

저학년이든 고학년이든 내가 통솔하는 반은 통행 규칙이 있다. 우선 앞문은 교실로 들어오는 문이고 뒷문은 교실에서 나가는 문이다. 또 학기 초 통행로도 정한다. 자리에서 나올 때는 사물함이 있는 교실 뒤로 갔다가 3, 4분단 사이로 앞에 나가 선생님께 검사를 받거나 앞문을 이용해 화장실을 간다. 선생님께 검사받고 자리로 돌아갈 때는 2, 3분단 사이로 뒤에 갔다가 자리로 가고, 복도에서 들어올 때는 뒷문으로 들어온다. 서른 명 내외의 아이들이 교실이라는 작은 공간에서 지내므로 충돌을 방지하려고 만든 규칙이다.

고학년은 몇 번 안내하면 찰떡같이 알아듣고 쉽게 규칙을 지킨다. 그간 학교생활에서 서로 부딪히는 경험을 직간접적으로 해 왔기에 필요성을 절감하기 때문이다. 그러면서도 상황에 따라 유연한 적용이 가능하다. 예를 들어 모두가 운동장에 나가기 위해 교실 앞에 줄을 섰을 때 준비물을 두고 온 걸 알았다면, 통행로 규칙을 어기고 빠른 길로 준비물을 챙겨 다시 줄에 합류한다. 모두가 앞에서 기다리고 있으니 충돌 위험이 없거니와 시간을 단축하려는 생각에서다.

그러나 저학년은 다르다. 정환이는 1학년이었다. 마찬가지로 체육관에 가려고 교실 앞에 다닥다닥 줄 선 상황이었다.

"모두 줄넘기 챙겼나요? 머리 위로 보여 주세요."

저학년은 "네!" 하고 말해도 체육관에 가서야 줄넘기를 가져오지 않은 걸 발견하곤 하기에 교실에서 눈으로 확인하고 출발한다. 역시 머리 위로 번쩍 든 손에 줄넘기가 없는 아이가 있었다. 민준이다.

"민준이 줄넘기 없네."

"아! 맞다!"

민준이는 그제야 가방에서 줄넘기를 꺼내지 않은 것이 생각났다.

"지금 가지고 오자!"

"네."

민준이 자리는 1분단 첫 번째 줄이었다. 부랴부랴 1분단으로 향하는데 정환이가 소리쳤다.

"통행로 규칙!!!!"

그러자 민준이도 멈칫하더니 거의 손에 닿을 뻔한 줄넘기를 두고 2, 3분단 사잇길을 통해 뒤로 갔다가 다시 1, 2분단 사잇길을 통해 자리로 가서 줄넘기를 집었다. 그리고는 뒤로 갔다가 2, 3분단 사잇길을 통해 나오려는데 정환이가 또 한 번 말을 한다.

"나올 때는 3, 4분단으로!"

민준이는 결국 몸을 돌려 3, 4분단 사잇길을 통해 앞으로 나왔다. 모두가 좋아하는 체육 시간이라 시곗바늘 움직이는 소리가 들리는 듯 불만 섞인 긴장감이 돌았다. 이를 알기에 민준이의 움직임에도 조급함과 미안함이 가득했다.

이런 상황에서 아이들은 의문을 가질 수밖에 없다. 통행로 규칙을 무시하고 바로 가져오면 안 되는 건가? 아직 저학년 아이들은 이런 부분도 일일이 알려 주어야 한다. 하지만 공개적으로 언급하기엔 정환이가 무안해질 수 있기에 일단 아무 말 없이 서둘러 체육관으로 향했다.

학교에서 보면 어떤 아이는 아무렇지 않게 규칙을 어기고, 어떤 아이는 무슨 일이 있어도 규칙을 지킨다. 정환이는 후자로 규칙은 반드시 지켜야 한다고 믿는 조금 고지식한 아이였다. 규칙이란 여러 사람이 다 같이 지키기로 한 법칙이다. 필요해서 만든 규칙이니 지켜야 하는 것은 맞지만, 칼같이 지키는 아이는 어쩐지 안쓰럽다. 규칙을 고수하느라 자신이 들인 노력에 비해 더 소중한 것을 잃는 경우가 있기 때문이다. 그래서 어떻게 말해 줄 수 있을지 며칠을 고민했다.

내가 고등학생 때 정말 좋아하는 떡볶이집이 있었다. 학교와는 걸어서 15분 거리였는데 어느 날 점심시간, 유혹을 떨치지 못하고 친구와 작당해 담장을 넘었다. 전속력으로 뛰어 주문한 떡볶이는 천상의 맛이었다. 일과 시간에는 밖에 나갈 수 없다는 규칙을 어겼으니 다시 학교로 질주하는 동안 무척 불안하고 두근거렸다. 하지만 그 순간 느낀 자유로움은 지금도 때때로 미소 짓게 한다. 어쩌면 모험을 두려워하지 않는 힘은 그런 순간에 자라는 것도 같다.

나는 정환이에게만 따로 선생님의 떡볶이 일탈을 들려주었다.

"정환아, 선생님은 비록 규칙을 어겼지만 종종 그 순간을 떠올리면 행복해. 누군가에게 피해를 주는 것이 아니라면, 규칙을 조금 어길 수도 있는 거야. 살면서 꼭 그래야만 하는 건 없더라. 많은 것들이 그럴 수도 있는 거더라고."

고지식한 아이답게 정환이는 선생님 말을 한 글자도 빠짐

없이 담으려는 듯 깨끗한 눈망울을 반짝이며 고개를 힘껏 끄덕였다. 지금 당장은 아니라도 언젠가 정환이가 나의 말을 이해할 수 있길 바랐다. 힘을 빼고 살아가는 것이 본인에게 더 이롭고 편안할 수 있으니.

정환이 덕분에 "그럴 수도 있지"라고 말해 주는 게 어떤 의미인지 알았다. 신규 교사 연수에서 주옥같은 말을 한 그녀는 정환이 같은 학생이었던 걸까? 아니면 민준이 같은 학생이었던 걸까? 혹은 그런 선생님을 만나서 감화받은 걸까? 답은 알 길이 없지만, 나도 그런 선생님이 되기로 한다.

이제는 정말 자주 하는 말.
"얘들아, 따라 해 봐! 그럴 수도 있지!"
"그럴 수도 있찌이~"

내가 되고 싶은 어른

고등학교 1학년 때, 우리 반에는 '보라돌이'로 불리는 아이가 있었다. 머리핀부터 가방, 필통, 그리고 양말까지 온통 보라색이라 생긴 별명이다. 정확히 언제 누가 먼저 그 친구, 윤지를 보라돌이로 불렀는지는 모르겠다. 어느 순간 그 아이는 친구들이 함께 놀기 꺼리는 아이가 되어 있었다. 나 역시 가까이하기 망설여졌다. 내 기억으로 특별히 그 아이에게 해를 끼치거나 괴롭히는 친구는 없었지만 친하게 지내기는 모두 꺼렸다. 아마 그 아이도 알았을 거다.

당시 우리 반은 학급 신문을 만들어 게시판에 걸어 두곤 했다. 2학기 신문이었던 것으로 기억한다. 1면에 그 아이의 아빠가 쓴 편지가 실렸다. 이제는 세세한 문장까지 모두 기억나진 않는데, 대강 내용은 이랬다.

> 커다란 인생에서 1년은 작은 부분이다. 비록 지금은 친구들이 널 몰라주지만 다 지나간다. 교실이 사회의 전부가 아니며, 더 넓은 세상이 널 기다리고 있다. 인생에 힘든 시간은 앞으로도 찾아올 수 있는데 아빠는 우리 딸이 잘 지나 보낼 거라 믿는다.

뒤통수를 맞은 기분이었다. 알고 있구나! 한 번도 힘든 티를 낸 적 없던 그 아이도, 심지어 부모님과 선생님까지 알 정도였구나. 우리 반 친구 중 몇 명이 그 신문을 읽었는지 모르겠지만 나는 정말 멋있다고 생각했다. 내 아이의 힘든 시간을 동동거리지 않고 한 걸음 떨어져 힘을 실어 주는 묵직함이 세게 다가왔다. 그런 아빠를 둔 윤지도 덩달아 멋져 보였다. 물론 나의 이런 마음을 전하거나 가까이 다가가진 못했지만.

나는 방관자였다. 특정인이 대놓고 괴롭힌 건 아니니 나서서 말릴 일이 딱히 있던 건 아니었다. 하지만 나 역시 윤지와 어울리진 않았으니 동조자라는 단어가 적합하겠다. 윤지가 싫었던 건 아니었다. 싫어할 이유를 가질 기회조차 없었다. 다만 모두가 꺼리는 아이와 가까이하면 친구들이 나도 싫어할까 봐 두려웠다. 그리고 이런 두려움으로 손 내밀지 못했던 내가 부끄러웠다.

학교를 졸업하고 우연히 지하철역에서 윤지를 만났다.
"윤지야! 안녕!"
반갑게 이름을 불러 인사했다. 몇 마디를 주고받게 되었는데 역시나 나와 다를 것 없는 평범한 친구였다. 교실에서는 말을 걸지 못했지만 이제라도 인사했으니 된 거 아니냐며 스스로 면죄부를 주듯 위안 삼다가도, 이런 내가 되레 비겁하단 생각도 들었다.

후에 윤지가 서울대학교에 입학했다는 소식을 들었다. 왠지 통쾌했다. 학교가 다는 아니지만 비겁하고 못났던 당시의 친구들을 뒤로하고 훨훨 날아갔길 진심으로 바랐다.

선생님이 되어 다시 학교로 돌아가니 비겁했던 나에게도 일종의 기회가 왔다. 5학년 담임을 맡았을 때, 우리 반 민주는 매사 의욕이 없고, 관계에도 소극적인 아이였다. 누군가에게 다가가기는커녕 쉬는 시간이면 엎드려 있기도 해서 친한 친구가 없었다. 누구도 어두운 민주에게 선뜻 말 걸지 못했다. 정해진 그룹 활동을 제외하고는 소외되기 일쑤였다.

"민주야, 내일 아침에 20분만 일찍 와서 선생님 도와줄 수 있을까?"

다음 날 아침, 아무도 등교하지 않은 빈 교실에서 민주를 만났다.

"선생님이 마법을 보여 줄 건데, 민주가 비밀 도우미를 해 주면 좋겠어."

방법은 이렇다. 1부터 6까지의 숫자 카드가 있고, 숫자마다 우리끼리 비밀 동작을 정하는 거다. 1은 콧등 만지기, 2는 귀 만지기, 3은 입 가리기 식으로. 연습도 했다.

그리고 수업 시간.
"애들아, 선생님은 사실 너희 눈만 보면 마음을 읽을 수 있다? 한번 볼래?"

아이들은 '무슨 재미있는 소리냐', '뭘 할 건지 빨리 말해라' 하는 눈빛으로 날 바라봤다.

"여기 숫자 카드 6개가 있어. 선생님은 뒤돌아서 눈 감고 있을 거야. 한 명이 교탁으로 나와 숫자 카드를 뽑고 친구들에게 보여 주면 선생님이 어떤 숫자인지 맞춰 볼게."

나와 민주의 비밀 마술쇼가 시작됐다. 민주의 비밀 신호를 본 내가 숫자를 맞출 때마다 그 환호성이란! 아이들은 무척 신기해했다. 긴장했던 처음과 달리 시간이 지날수록 민주 얼굴에도 생기가 돌았다.

"선생님이 교실에 있어서 다 보이는 거 아니에요? 복도로 나가 주세요."

"숫자 카드 서랍에 숨겨!"

아이들은 미심쩍어 하며 이런저런 꾀를 냈다.

"그래, 원하는 대로 해 줄게. 그렇지만 소용없을걸~"

나는 호언장담 하며 복도에도 나갔다 들어 왔지만 훌륭한 도우미 민주 덕에 한 번도 틀리지 않았다. 분한 아이들은 숫자 카드 없이 자기들끼리 숫자를 정하겠다고 했다.

"그래, 내일은 너희끼리 숫자를 정해. 대신 1부터 9까지 한 자릿수만 가능해."

다음 날 이른 아침, 말하지 않아도 민주가 일찍 왔다. 7부터 9까지 신호를 서로 맞추기 위해서다. 숫자 텔레파시는 어느

새 우리 반 아이스 브레이크 활동이 되었고 나중에는 두 자릿수까지 늘어나는 등 여러 변형을 거듭했다. 그해 도우미는 끝까지 민주였다. 그리고 이건 영원한 우리 둘만의 비밀이었다.

마피아 게임에서 마피아를 맡으면 게임의 주인공이 된 느낌인 것처럼 숫자 텔레파시의 숨은 주역이었던 민주도 반에 소속감이 생긴 것일까? 민주 얼굴엔 점점 활기가 돌고 미소를 품기 시작했다. 친구들에게 먼저 다가가진 않아도 쉬는 시간이면 고개를 들고 주변을 살폈다. 조금씩 밝아진 분위기에 몇몇이 민주에게 다가갔고 2학기에는 어울려 지내는 친구들도 생겼다.

티 나게 나서지 않고 작은 비밀을 나누는 것만으로 민주를 도왔다는 게 기뻤다. 때론 누군가의 옆에 조용히 있어 주는 것만으로도 힘이 된다. 윤지 아빠처럼 한 걸음 떨어져 있지만 묵직하게 곁을 지키는 어른, 그 모습을 닮고 싶다.

정글의 평화

아이가 유치원에 다녀와 말했다.

"엄마, 오늘 주혁이가 뱀파이어라면서 여기 어깨를 물었어."

이 말은 실은 이런 뜻이다.

"엄마, 오늘 주혁이랑 뱀파이어 놀이를 했어."

"내 어깨를 물었어"라는 부분에 주목하지 않고 "함께 놀았어"라는 뜻으로 받아들일 수 있는 건 내가 아이들 세상에 몸담고 있기 때문이다. 나는 이런 이야기를 들을 때면 '요즘 그 친구랑 자주 어울려 노는구나'라고 생각하고, 그런 상황에 친구를 어떻게 대하면 좋을지 정도를 알려 주고 넘어간다. 그런데 주변을 보면 놀란 마음에 유치원에 전화를 걸기도 하고 상대 아이에게 똑같이 되갚아 주고 싶은 걸 참았다는 말을 하는 경우도 있다.

1학년 담임을 맡을 때였다. 정글. 쉬는 시간 몸으로 놀고 있는 남자아이들을 보면 정글 같다는 생각이 들 때가 있다. 몸으로 노는 것을 좋아하는 남자아이들은 에너지가 들끓는다. 수업 시간 내내 가만히 앉아 있었으니 쉬는 시간이면 기다렸다는 듯 튀어 나가 교실 앞 넓은 공간에서 몸을 움직인다. 주로 선생님 책상 옆 공간은 정글이 되고, 교실 뒤쪽 좁은 공간은 보드게임을 좋아하는 아이들이 차지한다. 정글에서는 힘의 논리가 작용하기 때문에 주의 깊게 보아야 한다. 교실 앞 공간을 넓게 하고 뒤쪽을 좁게 한 이유다. 힘의 균형이 유지되고 있다면 놀이, 힘의 균형이 깨진다면 괴롭힘이다. 어른이 개입해야 할 순간이다.

그해 정글 고정 멤버는 3명이었다. 태윤, 세찬, 정우. 이 셋은 쉬는 시간이면 늘 몸으로 놀곤 했다. 몸으로 논다는 것은 규칙이나 말로 소통하는 것이 아니라 몸으로 상호작용한다는 뜻이다. 말로 놀 때 말싸움을 하고 상처받는 일이 생기는 것처럼, 몸으로 놀면 몸이 긁히거나 다치는 일이 생기곤 한다.

그러던 어느 날, 세찬이 어머니께 전화를 받았다.

"선생님, 태윤이가 세찬이를 괴롭히나 봐요. 세찬이가 몸도 작고 하니 얕보는 거 같아요."

"둘이 쉬는 시간에 자주 붙어 놀아요. 세찬이가 뭐라 하던가요?"

"자꾸 툭툭 친다고요. 아무래도 태윤이 덩치가 커서 가학적인 놀이를 즐기는 거 같아요."

가학……? 가학은 남을 못살게 구는 것을 말한다.

다음 날이 되었다. 아이들은 조금 전 일도 기억을 못 하기에 현장을 잡아 말하는 것이 가장 효과적이다. 그래서 지켜보고 있는데 세찬이가 큰 목소리로 말했다.

"우리 엄마가 태윤이랑 놀지 말래. 태윤이랑 안 놀 거야."

그 말을 들은 태윤이 얼굴이 빨개졌다. 그러나 이내 세찬이에게 다가가며 쫓아다니기 시작했다.

"나랑 놀자~"

세찬이는 단호하게 다시 말했다.

"엄마가 너랑은 절.대. 놀지 말래!"

나는 서둘러 태윤이를 불렀다.

"평소에 태윤이가 몸으로 노는 걸 좋아하잖아. 그런데 사실 몸에 닿는 놀이는 안 하는 게 좋아. 처음엔 기분 좋게 시작해도 누구 한 명 다치거나 마음이 상할 수 있거든."

"그럼 뭐 하고 놀아요?"

"보드게임을 해도 되고, 책을 읽어도 되지!"

"네. 그런데…… 정말 세찬이 엄마가 나랑 놀지 말래요?"

"글쎄, 태윤이 생각은 어때?"

"아니, 세찬이가 거짓말을 해요."

"왜 그렇게 생각해?"

"어른은 친구랑 놀지 말라는 말 안 하잖아요. 선생님도 누구랑은 놀고 누구랑은 안 놀고 하면 안 된다고 했잖아요."

"그렇네. 태윤이가 힘만 센 게 아니라 생각하는 힘도 세네. 태윤이는 힘이 세서 참 멋져. 힘이 세면 누군가를 도와줄 수 있거든. 멋지게 쓰이는 날을 위해 지금은 조금 아껴 두자. 그럴 수 있겠어?"

"네!"

"만약 세찬이 엄마가 같이 놀지 말라고 하셨다면 그건 잘못한 거야. 어른도 잘못을 해. 태윤이를 본 적 없어서 힘을 조절할 수 있단 걸 모르셨나 봐. 그리고 세찬이는 툭툭 건드린 게 싫어서 그렇게 말했을 수도 있어. 앞으로 건드리지 않으면 마음을 바꿀 거야."

"네, 나는 몸으로 안 놀아요."

태윤이도 며칠은 보드게임 하는 아이들 근처를 어슬렁거리며 구경하고 다른 놀이를 찾으려 노력했다. 그러나 곧 정글 멤버는 교실 앞에서 다시 뭉쳤다. 그들은 몸으로 하는 놀이가 가장 즐거운 아이들이었다.

처음에 '가학'이라는 단어를 들었을 때, 뜨악하며 마음이 불편했다. '내 교실에서 가학과 어울리는 행동은 있을 수 없어!'라는 자존심이 건드려진 거다. 잘 보이지 않는 교실 뒤 공간보다 앞 공간을 넓게 만든 것도 그런 일이 생기지 않게 살펴야 한다는 일종의 강박이었다.

그런데 이 일을 계기로 알게 되었다. 부정적인 일의 예방보다 중요한 건 이미 일어난 일을 대처하는 방식이었다. 모든 일을 대비할 수 없으니, 벌어진 일을 대하는 태도가 중요하다. 몸이 작아 당하는 것이며 힘센 아이는 널 괴롭힐 테니 같이 놀지 말라는 것은 부정적인 일이 계속 일어날 거라는 관점이었다. 이는 아이에게 고스란히 전달된다. 나는 몸이 약해 당하는 아이, 힘이 센 친구는 날 괴롭히는 존재, 선생님은 도와주지 못하는 어른, 교실은 안전하지 못한 곳이 된다.

그러나 놀다가 다친 것으로 받아들이면 해결할 수 있는 일로 바뀐다. 교실은 안전한 곳, 선생님은 날 도와주는 사람, 친구는 함께 놀면 즐거운 대상으로 여긴다면 문제를 해결하고 다음으로 나아갈 수 있다. 그리고 그런 아이들이 많을수록 학교는 안전한 곳, 우리 사회는 살만한 곳이 된다.

어른이 되어도 갈등은 피할 수 없다. 그래서 누군가는 덜 다치기 위해 마음을 접고 거리를 둔다. 하지만 관계는 멀리한다고 안전해지는 것도 아니고, 갈등이 없다고 평화로운 것도 아니다.

아이들이 다시 정글에서 마주 앉았듯, 우리 역시 멀어졌다가도 다시 웃을 수 있다. 진짜 평화는 갈등이 없는 상태가 아니라 갈등이 생겨도 다시 괜찮아질 수 있다는 믿음에서 오는 것이 아닐까.

그 믿음을 놓지 않을 때, 비로소 우리는 서로에게 조금 더 안전한 사람이 될 수 있다.

위로받지 못한 아이

누구에게나 선생님이 있다. 유치원을 빼더라도 초등학교부터 고등학교까지, 우리는 12년 동안 수많은 선생님을 만난다. 어떤 연은 쉽게 흐릿해지지만, 어떤 연은 오래도록 마음에 남는다. 그중엔 존경스러운 선생님도 있지만, 아쉬운 선생님도 있다. 그래서일까. 선생님이 되기도 전부터, 나는 종종 일장 연설을 들어야 했다.

"내가 고등학생 때 우리 학교에 미친개가 있었어"로 시작하는 이야기는 부도덕한 선생님 일화로 이어지며 마지막은 항상 "너는 그런 선생님이 되지 마!"로 끝났다. 그런 대화가 반복될수록 불편함을 느꼈는데, 내가 선택한 일이 존경받지 못하는 것 같아 초라해지기도 했다.

선생님으로 살다 보면 가끔 억울할 때도 있다. 친구들이 각자의 일에 대해 이야기를 나눌 때면 무슨 기업에 과장, 어느 회사의 차장이 되었다는 말로 끝이거나 "거기서 하는 일이 뭐야?"라고 묻는 데 반해, 선생님이라고 하면 모두 다 아는 듯 이야기하는 점이 그랬다. 우리나라에 학교를 안 다닌 사람은 한 명도 없고, 부모가 되면 다시 학부모로 선생님과 연을 맺는다. 그래서인지 모두가 선생님이라는 직업에 대해 잘 안다고 생각하는 것 같다. 모든 직업이 평가받지만, 선생님은 누구나 경험해 봤기 때문에 더 쉽게 단정 지어진다. 학생이었을 때와 학부모였을 때 경험이 등장해 선생님을 재단하면 나도 네 일 한번 아는 척 해 볼까 싶은 생각도 들었다.

하지만 가만 들어 보니 억울했던 일화를 털어놓을 때마다 그들은 유독 감정이 격해졌고, 말투는 뜨겁고 생생했다. 흥분해서 울분을 토하는데 바로 어제 일인 듯 억울함을 내뱉었다. 아, 어른으로 말하고 있는 게 아니구나. 어린 시절 부당한 대우를 받은 아이가 어른이 된 지금도 마음속에 남아 있는 거였다. 나에게 "그런 선생님은 되지 마라"라고 말하던 속마음은 아마도 사과받지 못한 마음, 어루만져지지 못한 상처에서 비롯된 것이 아닐까? 이런 생각이 스치자 고등학생 때 일이 떠올랐다.

쉬는 시간이었다. 친구들과 교실에 삼삼오오 흩어져 이야기 나누고 있었다. 갑자기 교실 앞문이 벌컥 열리더니, 선생님 한 분이 빗자루를 들고 들이닥쳤다.
"자리에 앉지 않고! 누가 서 있어!"
고함이 떨어지자마자 교실은 아수라장이 되었다. 그분은 서 있는 아이들을 향해 빗자루로 등을 후려치며 걸어 다녔다.
"아악!"
비명이 터졌고, 아이들은 우왕좌왕하며 자리를 찾아가기 바빴다. 순식간에 교실은 난장판이 되었는데 어떤 아이는 자기 자리까지 가지 못하고 친구 자리에 앉기도 했다. 빗자루는 청소에 쓰던 거라 닳고, 먼지가 잔뜩 묻어 있었다. 등을 맞고 울고 있는 아이의 흰 교복엔 회색 먼지 자국이 부옇게 남았다.

처음엔 수업 시간과 쉬는 시간을 착각하신 줄 알았다. 사과하시지 않을까 기다려 보기도 했다. 그런데 이 일은 마지막이 아니었다. 그 뒤로도 불시에 같은 일이 반복됐다. 급기야 복도 끝에서 그 선생님 모습이 보이면 모든 학생들이 신호를 주고받기 시작했다.

"떴다!"

"자리로!"

우리는 약속이라도 한 듯 가장 가까운 자리에 일단 앉았다. 마치 공포의 의자 게임 같았다.

나 역시 한 번 호되게 얻어맞았다. 그날은 반나절이 넘게 날개뼈가 욱신거렸다.

그런데 참 이상하다. 우리는 그해가 끝날 때까지 한 번도 이의를 제기하지 않았다. 나도 분명 억울했다. 잘못한 게 없는데 아프게 맞았다는 사실이 부끄럽게 느껴졌다. 하지만 억울하다는 말조차 꺼낼 수 없었다. 어쩌면 쉬는 시간이라도 너무 시끄러웠다고 스스로를 탓했을지도 모른다. 요즘 같으면 난리가 날 일인데 그때는 엄마에게도 말하지 않았던 것 같다. 권위에 대한 두려움 때문이었을까. 아니면 말해도 달라질 것 없다는 체념이었을까. 무엇보다도 어른이 하는 일에 토를 다는 건 예의가 아니라는 공기가 학교 안에 짙게 깔려 있었다. 어느 쪽이든, 말하지 못한 마음은 그대로 남았다.

이제야 생각한다. 누군가 "미친개 같은 선생" 이야기를 꺼낼 때마다 반사적으로 불편했던 건 나 또한 위로받지 못한 아이였기 때문이라는 걸.

물론 모든 선생님이 그런 건 아니었다. 좋은 선생님이 대부분이었고, 따뜻한 순간도 많았다. 하지만 한 사람의 말과 표정이 누군가의 기억에 얼마나 오래 남을 수 있는지 그 무게를 몰랐던 어른도 많았다.

나와 비슷한 마음을 가진 당신에게 말해 주고 싶다. 그건 당신의 잘못이 아니었다고. 우리가 작고 여려서 그만큼 더 상처받은 것이지, 그 상처를 받아야 마땅한 존재였던 건 아니라고. 그러니 누군가 울분을 토하며 그때 이야기를 꺼낸다면 나도 더 이상 불편해하지 않기로 했다. 대신 그 마음을 꼭 안아 주어야겠다.

너에게 한 말이 아니라고 고개를 돌릴지도 모른다. 사과가 한 번으로는 부족하다고 말할지도 모른다. 그래도 반복해서 말해 봐야겠다. 자꾸 어루만지면 언젠가는 덜 쓰라릴 날이 오길 바라며.

밤길에 뛰는 사람

초등학교 2학년 때 주택가에서 아파트 단지로 이사했다. 우리 집은 930동이었는데, 집을 찾아갈 때마다 아파트 옆면에 쓰인 숫자 9, 3, 0을 연거푸 확인하곤 했다. 각도에 따라 완전히 옆까지 돌아가서 보지 않으면 9와 3만 보였기에 931동인지 930동인지 알 수 없었다. 나는 꼭 끝까지 돌아 0을 확인하고서야 건물 안으로 들어갔다.

우리 집은 복도식이었다. 일자로 된 복도에 1호부터 8호까지 줄지어 있었는데, 엘리베이터에서 내려 오른쪽으로 꺾어 들어가면 보이는 702호가 우리 집이었다. 복도에 면한 작은 방 창문은 내가 언니와 함께 쓰던 방으로 침대에 누우면 복도를 그대로 내다볼 수 있었다. 나는 종종 누군가 그 창문을 넘어 방으로 들어오면 어떡하지 하는 상상을 했다. 때문에 복도에서 발소리가 들리거나 창문 앞에 그림자가 어른거리기만 해도 그렇게 무서울 수가 없었다.

작은방 창문 쪽으로는 701호 사람들과 우리 가족만 지나가야 맞는데, 어느 날부터 701호로 가지 않고 창문 앞을 서성이다 엘리베이터 쪽으로 다시 가는 그림자가 있었다. 그게 영 신경 쓰여 부모님께도 말씀드리곤 했다.

"옆집으로 안 들어가고 한참 있다가 다시 엘리베이터 쪽으로 가더라니까!"

"오늘 그 사람이 또 왔어."

몇 번을 이야기해도 바쁘신 부모님은 대수롭지 않게 들으셨다.

"담배 피우려고 왔나 보지."

그도 그럴 것이 우리 집 앞 복도는 창문을 설치하지 않아서 앞이 뻥 뚫렸다면 703호부터 706호까지 이어지는 복도는 창문을 설치해서 복도가 실내와 다름없었다. 그러니 담배 피우러 다른 집 앞에 올 수도 있는 일이었다. 하지만 또 그러기엔 창문을 등지고 있어야 하는데 그 그림자는 우리 집 창문을 똑

바로 바라보고 있었다.

그리고 어느 날, 우려하던 일이 벌어졌다. 깜깜한 밤이었고 부모님은 모두 잠든 시간이었다. 여느 날처럼 창문을 바라보다 잠들었는데, 복도에 가만 서 있던 그림자가 창문을 여는 기척에 눈이 떠졌다. 창문은 이중창으로 두 개를 밀어 열어야 했는데 바깥 잠금장치는 고장이 나서 쉽게 열렸다. 나머지 창문을 못 열게 막아야겠다는 마음이 굴뚝 같았지만, 몸이 움직여지지 않았다. 옆방에 주무시는 부모님을 소리쳐 깨우고 싶은데 목소리도 나오지 않았다. 내가 유일하게 할 수 있었던 건 눈을 감는 것뿐이였다. 잠든 척할까? 내가 깨어 있다는 걸 들키면 어쩌지? 겁이 났다.

영겁 같은 시간이었다. 다행히 안쪽 창문은 잠금장치가 제대로 되어 있었다. 오! 하느님! 잠금장치라고 해 봐야 손가락으로 눌러 내리면 창문을 열 수 있는 간단한 구조였다. 그래서인지 그 사람은 기다란 막대기로 안쪽 잠금장치를 내리려고 시도했다. 그걸 지켜보면서도 자는 것처럼 보이려고 숨죽여 있었다.

다행히 그 그림자는 잠금장치를 풀지 못했고 후퇴했다. 지금 생각해 보면 망상 아닌가 싶을 만큼 위험한 사건인데, 그 일이 있은 후 바깥 잠금장치도 고치고 커튼도 달았으니 내 생각이 아닌 틀림없이 사실이었다.

그 뒤로도 누군가 창문으로 들어오는 악몽을 자주 꿨다. 도둑이 든다면? 강도가 든다면? 누군가 집에 들어와 부모님을 해치면 나는 고아가 되는 걸까? 누군가 우리 집 재산을 모두 가져가면 우리는 거지가 되는 걸까? 만약 그렇다면……

꼬리에 꼬리를 문 상상으로 눈물을 흘리기도 하고, 무서운 상상에 빠져 많은 밤을 보냈다. 걱정했던 일은 일어나지 않았으니 다행이지만 잠들기 힘들었던 어린 시절을 생각하면 안쓰럽기도 하다. 이런 기억 때문인지 어른이 되어서도 창문이 복도로 있는 집은 선호하지 않는다.

20대 후반의 어느 날, 모임이 길어진 날이었다. 12시가 넘은 시간이라 버스와 지하철은 끊겼고, 택시를 타기엔 혼자라 무서웠다. 모임 장소에서 집까지는 걸어서 20분 거리였기에 걸어가기를 택했지만 내 몸은 나도 모르게 빠르게 뛰고 있었다. 운동 겸 뛴 게 아니라 어두운 길에 겁이 났다. 예상보다 일찍 도착한 나를 보고 남편은 놀리듯 말했다.

"아니, 이렇게 치안 좋은 나라가 어디 있다고 뛰어와. CCTV 보는 사람이 있었으면 웬 여자가 헐레벌떡 뛰고 있어서 그게 더 이상했겠다!"

나와 달리 태평한 남편의 말에 이 남자가 사는 세상과 내가 사는 세상이 다르다는 생각을 처음 했다.

같은 이유로 배달이나 택배를 받을 때마다 혹시나 하는 마음에 긴장하곤 한다. 물건을 받기 위해 문고리를 풀 때면 예상할 수 없는 어떤 위험에 속수무책으로 당할 수도 있는 무방비 상태라는 것을 실감한다.

그게 싫어서 집 안에 있으면서도 없는 척 일시 정지해 있기도 했다. 다행히 코로나 이후로 비대면 전달이 보편화되어 쓸데없는 에너지 소모가 줄었다. 그럼에도 스스로를 지켜 낼 수 없을지도 모른다는 불안은 어릴 때와 크게 다르지 않다. 나와 마찬가지로 한때 어린이였던 남편은 진짜 어른이 되었는데, 나는 아직 보호가 필요한 사람인 것 같아 무력감이 느껴지기도 한다.

물론 여전히 어두운 길에서는 가끔 뛰기도 하고 배달을 받을 때는 긴장이 되지만, 더 이상 무서움에 자는 척밖에 할 수 없던 그 아이처럼 있을 수는 없다. 내가 지켜야 할 것들이 있고, 안전한 사회를 만드는 데 책임이 있는 어른이니까.

창문을 닫는 것으로만 내 세계를 지키려 했던 어린 시절을 지나 이제는 창문을 열고 바깥세상을 향해 목소리를 내야 한다고 생각한다. 언젠가 내 아이가 "엄마, 무서워서 뛰어왔어"라고 말하는 날이 오지 않기를, 그저 천천히 걸어도 괜찮은 세상이 되기를 바라본다.

오답이면 어때

"엄마는 작가가 꿈인데 왜 선생님이 됐어?"

나이 마흔에 작가가 되고 싶다며 글을 쓰는 엄마를 보고 일곱 살 딸이 물었다.

"그러게……."

나는 '작가'라는 단어를 입 밖에 내지 못하는 사람이었다. 무엇이든 될 수 있다 믿는 자신만만한 아이가 아니었다. 어른의 몸을 가진 내 모습조차 구체적으로 그리기 힘들었다. 잘하는 건 뭐고 좋아하는 건 뭔지도 명확하지 않았으니 어떤 직업을 갖게 될지 멀게만 느껴졌다. 작은 선택이 모여 나를 만든다는 걸 알지 못했고, 이미 정해진 어떤 어른이 되는 줄 알았다. 1년이 지나면 자동으로 한 살을 먹듯, 착하게 시키는 대로 하다 보면 자동으로 되어 있을 어른의 모습이 궁금하기만 했다.

그나마 좋아하던 건 책이었다. 책을 읽을 땐 그 속으로 빨려 들어갔다. 자연스레 동경했고 어렴풋이 작가가 되고 싶었다. 그런데 작가는 뭔가 다른 특별한 사람이 아닐까? 호수가 보이는 집에 살고 갑작스러운 영감으로 밤새 글을 휘갈기며 때때로 눈물을 흘릴 만큼 감성적일 거야. 어릴 적 고난 정도는 겪었겠지. 허황한 이미지도 있었다. 평범한 내가 작가가 되는 게 가당키나 한 건지 의심했다.

주변에서 무엇이 되고 싶냐 물으면 잘 모르겠다고 둘러댔다. 장래 희망을 적어 낼 때는 작가로 적어 놓고도 누가 볼 새라 가리곤 했다.

"너 장래 희망에 뭐 썼어?"

친구들이 관심을 보이면 난처했다. 남들이 알면 '네까짓 게 무슨 작가야!', '너랑 안 어울려!'라고 생각할까 두려웠다.

그럼에도 줄곧 내 꿈은 작가였다. 마땅히 다른 꿈도 떠오르지 않았다. 초등학생 때는 엄마를 졸라 '녹우당'이라는 글짓기 학원에 다녔다. 여러 번 고쳐 마음에 드는 글을 쓰면 뿌듯했고, 잘 썼다는 말을 들을 땐 우쭐했다. 하지만 작가는 여러 번 고치는 사람이 아니라 한 번에 잘 쓰는 사람인 줄 알았다.

중학교 1학년, 장래 희망 발표 시간에 수미가 손을 들었다.
"저는 의사가 되고 싶습니다. 의사가 돼서 가난한 나라로 의료봉사를 떠날 겁니다."
수미의 당찬 목소리엔 꿈을 향한 곧은 길이 그려졌고 그것은 정답처럼 보였다. 마치 문제를 풀어야 나갈 수 있는 교실에서 친구 먼저 정답을 맞히고 나간 것 같았는데, 나는 내가 찾은 꿈이 정답이 아닐까 봐 끝내 입 밖에 내지 못했다.

마흔에 다시 꿈꿀 만큼 미련이 가득했음에도 작가가 아닌 선생님이 된 건 그게 내 정답인 줄 알았기 때문이다. 고등학교 2학년 때는 동네 소설가 선생님께 과외까지 받아 가며 여러 대회에 짧은 소설을 내 보았지만, 상은 한 번도 받지 못했다. 대신 성적으로 우등상을 받아 오자 소설가 선생님께서 물으셨다.
"살면서 가장 큰 일탈을 해 본 게 뭐야?"
일탈이라……. 당시 부모님께 혼 한 번 난 적 없던 나는 그

질문에 어떤 대답도 할 수가 없었다. 나는 "소설가가 되기에 너무 착하다"는 거였다. 글쓰기는 취미로만 하면 어떻겠냐는 말에 묘하게 설득이 되면서 작가보다 교사가 더 정답 같았다. 마침 내가 대학을 선택하던 시기만 해도 교사는 인기가 많은 직업이었다. 방학도 있으니 그때 글을 쓸 수 있을 거라 핑계 대며 꿈에서 슬며시 발을 뺐다. 내가 인정하는 나보다 타인이 인정하는 내 모습으로 사는 게 더 쉬워 보였다.

교육대학교에 들어가서는 장학금을 받았고, 10년 넘는 교직 생활 동안도 인정받는 선생님이었다. 하지만 나 혼자 정답이 아닌 것 같아 자주 딴생각을 했다. 재미 삼아 사주를 볼 때도 친구들은 연애나 결혼을 물었지만, 나는 꼭 진로를 물었다.
"저한테 맞는 직업은 뭔가요?"
결혼 후 서른을 넘겨서도 선생님으로 잘 살고 있으면서 도대체 정답이 뭘지 골몰하곤 했다. 만약 교대를 가지 않았다면 어땠을지 상상하며 말이다.

그러던 어느 날, 돌발성 난청으로 하루아침에 귀 하나를 잃었다. 귀 한쪽이 안 들리자 매일 듣는 소리도 다르게 들렸다. 소리가 달라지자 내가 살던 세상이 다르게 보였다. 그래서 마침내 정답을 알았다는 말은 아니다. 오히려 세상이 다르게 보이자 처음으로 오답이면 어떤가 싶었다. 그러고 보니 나는 공부 잘한다는 말보다 글 잘 쓴다는 말에 더 가슴 뛰는 아이였다. 줄곧 정답이 아닐까 봐 선뜻 나아가지 못했는데, 정답은 상장이나 사주 아저씨, 수입이나 사회적 지위에 있는 게 아니었다.

이제라도 나는 내 목소리에 귀 기울이기로 했다. 누군가 내게 길이 보이지 않는다고, 정답을 모르겠다고 말한다면 이제 나는 이렇게 말할 것이다. 누구에게도 묻지 말고 자기 자신에게 물으라고. 내 목소리대로 산다면 정답이든 말든 그 길이 내가 될 테니까. 그러니 당신도 당신의 목소리대로 살아 보라고 말이다.

○
나가며

　어릴 때는 빨리 어른이 되고 싶었다. 어른은 스무 살이 되면 저절로 되는 건 줄 알았기에 마음속으로 스무 살까지 몇 년 남았는지를 셈해 보곤 했다. 어른이 되면 싫어하는 공부를 안 해도 되고, 좋아하는 라면을 매일 먹을 수 있으며, 뭐든지 능숙하게 해낼 수 있을 줄 알았다. 나는 엄마처럼 화장도 하고 옆집 언니처럼 뾰족 구두도 신을 참이었다. 그렇게 어른이 되는 순간을 상상하자면 때때로 조급해지기도 했다. 나는 분명 멋진 어른이 될 거 같았다.

　대학생이 되었을 땐 내가 어른인 줄 알았다. 나이 앞에 숫자 '2'가 붙었고, 주민등록증도 생겼으며, 편의점에서 당당하게 술을 살 수 있었기 때문이다. 운전면허를 따고, 동네를 벗어나 지하철을 타고, 친구들과 여행을 떠나는 일상이 그 자체로 대단해 보였다. 전공 수업에서 두꺼운 책을 펼칠 때면 아는 게 많아진 기분이었고, 장학금을 받을 때면 스스로 뭔가를 해낸 듯 으쓱했다. 처음 해보는 연애와 이별, 미팅과 소개팅도 모두 어른이라는 증거 같았다. 하지만 나는 여전히 엄마가 해 주는 밥을 먹었고, 용돈을 받아 생활했으며, 힘든 일이 생기면 조용히 방 안에 들어가 문을 닫았다. 마음을 감추는 게 어른스러움인 줄 알던 시절이었다.

 직장인이 되었을 땐, 이제는 사회인이라는 자각이 들었다. 매달 월급이 들어오고, 나를 선생님이라 부르는 후배도 생겼다. 누군가의 실수를 감싸며 말없이 함께 남아 준 날엔 내가 꽤 의젓해진 것도 같았다. 아침 일찍 출근 시간에 맞춰 서두르고, 회식 자리에서는 어색한 웃음을 보이기도 하며, 일요일 저녁이면 벌써부터 월요일이 두려워지니 의심할 여지 없이 난 어른이었다. 나는 아직 혼밥이 어색했지만 혼자서도 괜찮은 사람이고 싶었다. 카톡 하나 보낼 때도 여러 번 고쳐 쓰며 고심하고, 상대가 반응이 없으면 괜히 눈치를 보면서도 무심하려고 애썼다. 어른이라면 그래야 할 것 같았다.

그러다 어느 순간부턴 내가 진짜 어른인지 자신이 없어졌다. 꼭 어른이어야 하는 걸까 싶을 때도 있었다. 나는 여전히 누군가의 말 한마디에 하루 종일 기분이 휘청이고, 잘하고 싶은 마음에 나를 너무 다그칠 때도 있다. 정해야 할 일은 많은데 아무도 정답을 알려 주지 않으니 나의 선택과 책임이 무거워 버거울 때도 많다. 일도 인간관계도 어른이 되면 능숙할 줄 알았지만, 오히려 더 신중하고 조심스러워졌다. 내가 생각한 괜찮은 어른과 지금의 내 모습 사이엔 제법 큰 간극이 있고, 그 어딘가에서 나는 아직도 흔들린다.

어쩌면 어른이 된다는 건 모든 걸 잘하는 게 아니라, 모르고 서툰 대로 그저 살아가는 일인지도 모른다. 흔들리면서도 사랑하고, 지치면서도 웃고, 울고 나서는 다시 세수하고 출근하는 사람. 그렇게 매일을 살아 내는 게 어른이라면 멋지지 않아도 꽤 아름답다.

나는 종종 망설이고, 때로는 초라해지고, 내 안의 어린 내가 튀어나와 못 봐주게 유치해지기도 한다. 하지만 그런 모습까지 나의 일부로 받아들이는 것, 그것이 어른이 되어 간다는 의미인지 모른다. 그렇다면 완벽하지 않아도 지금의 나로 살아 내려 애쓰는 마음만으로 충분히 괜찮은 어른이지 않을까? 그러고 보면 멋진 어른은 어릴 적 꿈꾸던 동화 속 공주님 같은 존재일지도 모르겠다.

멋진 어른이라는 환상에서 벗어나 진짜 나를 바라보고 기다려 주는 것. 역할이 아닌 내 목소리에 귀 기울이고, 누군가의 기대보다 내 마음에 닿는 사람이 되기로 결심하는 것. 지금도 쉽지는 않지만 하루하루 연습하는 중이다.

사시사철 피어 있는 강인한 꽃은 없다. 계절따라 날씨따라 흔들리면서도 매년 조금씩 다른 모습으로 피고 지고, 또 다시 피는 꽃처럼 나도 흔들리며 살아 내고 있다. 그런 내가 꽤 마음에 든다.

마음을 봉숭아로 물들일 거야

초판 1쇄 발행	2025년 6월 4일
지은이	귀덕
책임편집	오민정
디자인	weme design
마케팅	이주형
기획편집	이정아, 이상화, 윤지윤
제작	357 제작소
펴낸이	이정아
펴낸곳	㈜서삼독
출판등록	2023년 10월 25일 제2023-000261호
전화	02-6958-8659
이메일	info@seosamdok.kr

ⓒ 귀덕

ISBN 979-11-93904-38-1 (03810)

- 이 책은 저작권법에 따라 보호받는 저작물이므로 무단전재와 무단복제를 금지하며, 이 책 내용의 전부 또는 일부를 이용하려면 반드시 저작권자와 출판사의 서면동의를 받아야 합니다.
- 잘못된 책은 구입하신 서점에서 바꿔드립니다.
- 책값은 뒤표지에 있습니다.

서삼독은 작가분들의 소중한 원고를 기다립니다. 주제, 분야 제한 없이 문을 두드려주세요.
info@seosamdok.kr로 보내주시면 성실히 검토한 후 연락드리겠습니다.